この本の使い方〈基本〉

① 指さしながら発音する

話したい単語を話し相手に見せながら発音します。相手は文字と音で確認するので確実に通じます。

② 言葉を組み合わせる

2つの言葉を順番に指さしながら発音することで、文章を作ることができます。わかりやすいようにゆっくり指さしましょう。

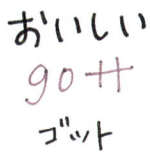
③ 発音は大きな声で

発音せずに指さすだけでも通じるのは確かですが、「話したい」という姿勢を見せるためにも発音することは重要です。だんだん正しい発音に近づきます。

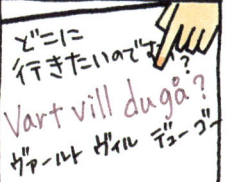
④ 相手にも指さしてもらう

話し相手にはスウェーデン語を指さしながら話してもらいます。あなたは日本語を読んで、その言葉の意味がわかります。

◎6ページを読んでもらえば、この本の考え方が伝わり、より会話はスムーズになります。

⑤ 自然と言葉を覚えられる

指さしながら、発音し、相手の発音を聞く。これをくり返すうちに……します。スウェーデン……なったら81ページか……末の単語集がフォロ……

あいさつ / 移動 / 数字・買物 / 時間 / 食事 / 文化 / 生物 / 家人 / トラブル / その他

旅の指さし会話帳 ㉚ スウェーデン

岡戸紀美代・著

目次

親愛なるスウェーデンのみなさまへ ⑥

第1部
「旅の指さし会話帳」本編 ⑦

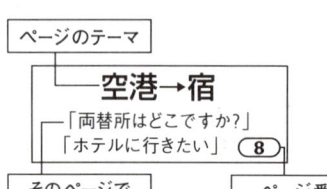

第2部
スウェーデンで
楽しく会話するために ㉛

第3部
日本語→スウェーデン語
単語集 ㊳

第4部
スウェーデン語→日本語
単語集 ㊾

あとがき ⑫⑤

空港→宿 「両替所はどこですか？」「ホテルに行きたい」⑧	発音の注意 「ch」「dj」「k」「sch」「sion」「tj」など ⑩
街を歩く 「駅に行きたい」「迷いました」「買い物をしたい」⑯	乗り物 「席を一つ予約したい」「ここで止まってください」⑱
数字とお金 「346」「それいくら？」「小銭にかえてください」㉒	買い物 「デパートはどこ？」「これはいくらですか？」㉔
時間と時計 「いま10時です」「何時に会おうか」㉚	月日と年月 「いつここに来ましたか」「6月3日」「あさって」㉜
食事 「何が食べたいですか？」「お勘定お願いします」㊱	料理① 「エビのオープンサンド」「ヤンリンさんの誘惑」㊳
映画・芸能・本 「好きな俳優は誰ですか」「ロッタちゃん」㊻	スポーツ 「スウェーデン頑張れ！」サッカー、ホッケーチーム ㊽
生き物 「スウェーデン語では何？」「私は馬が好きです」㊼	植物 「何の花が好きですか？」ラズベリー、ラッパ水仙 ㊽
家 居間、台所、学生寮 カウチ、マット ㊽	家族・友だち 「兄弟はいますか？」「彼女はいるのですか？」㊿
カゼ・体 「熱があります」「痛い！」「医者を呼んでください」㊻	病院・内臓 「日本語のできる先生はいますか」㊽
持ち物 「眼鏡はどこで手に入りますか」「テレカがほしい」㊼	動詞・疑問詞 「何」「誰」「いつ」「私は〜したい」㊼

話し相手用「スウェーデン語目次」→⑫⑧ページ

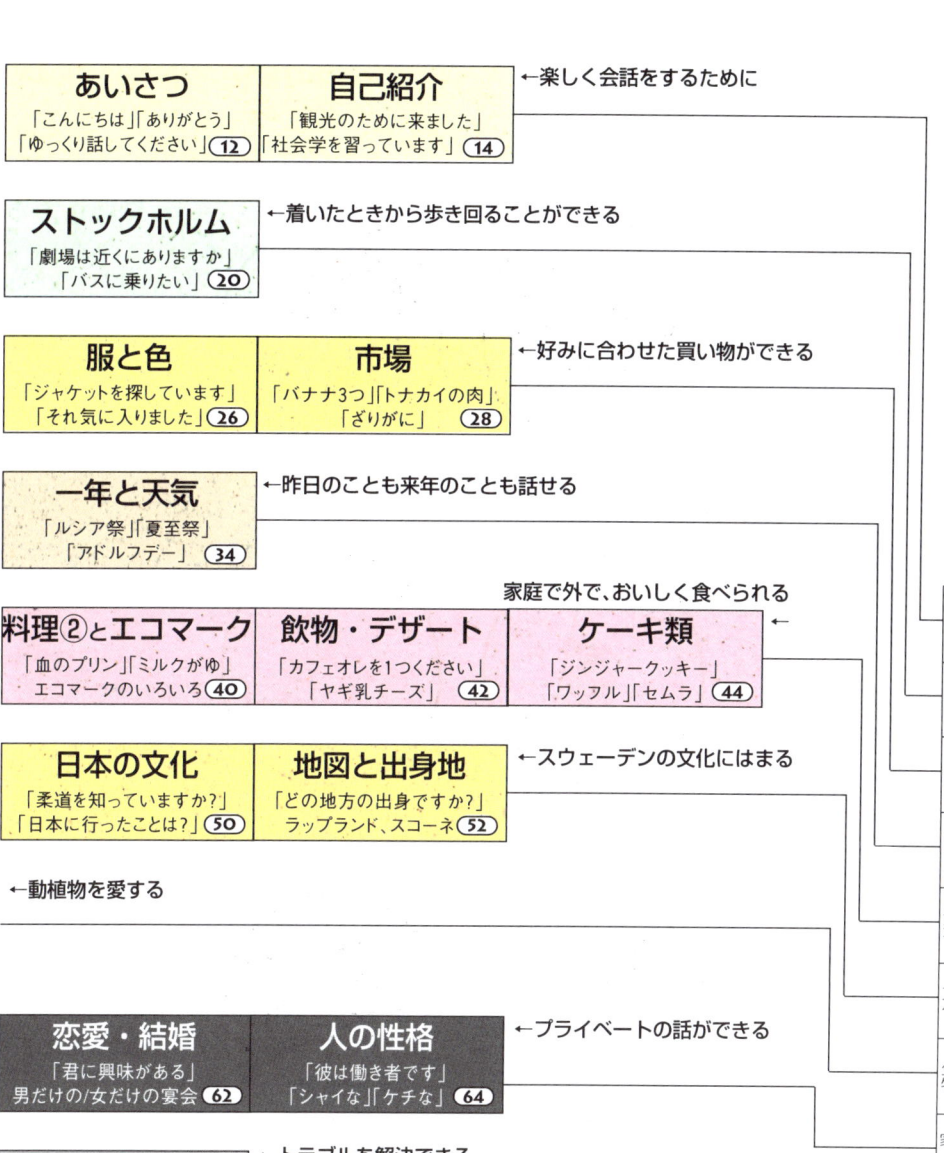

この本のしくみ

第1部：指さして使う部分です

7ページから始まる第1部「本編」は、会話の状況別に、37に分けられています。
指さして使うのは、この部分です。

イラストは実際の会話中に威力を発揮します

あわてている場面でもすぐに言葉が目に入る、会話の相手に興味を持ってもらう、この2つの目的でイラストは入れてあります。使い始めるとその効果がわかります。

インデックスでページを探す

前ページにある目次は、各見開きの右側にあるインデックスと対応しています。状況に応じて目次を開き、必要なページをインデックスから探してください。

ページからページへ

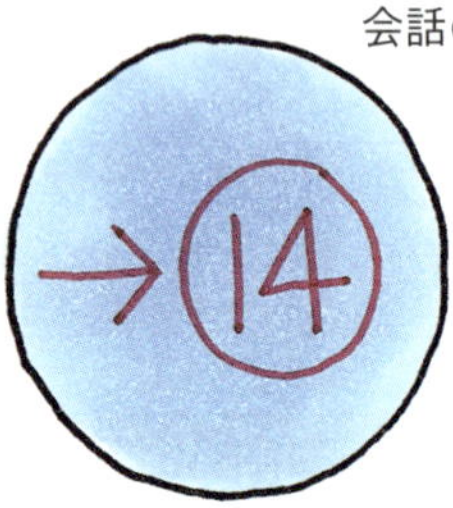

会話の関連事項の載っているページについては、「→14」などの表示があります。会話をスムーズに続けるために、ぜひ活用してください。

日本語の読みがなで話す

各単語にはできるだけ実際のスウェーデン語の発音に近い読みがながふってあります。まずは話してみること。かならず発音はよくなります。

第2部：さらに楽しく会話するために

スウェーデン語の基本知識、対人関係のノリなど、コミュニケーションをさらに深めるためのページです。とくに文法をある程度理解すると、会話の幅は飛躍的に広がります。

第3部、第4部：頼りになる充実の単語集

言葉がさらに必要になったら、巻末の単語集を見てください。
辞書形式で
「和→瑞」
「瑞→和」
ともに2500以上をフォローしています。

裏表紙は、水性ペンを使うと、何度でもメモ書きに使えます。

折り曲げて持ち歩きやすいように、本書は特別な紙を選んで使っています。

この本の使い方〈そのコツ〉

　このシリーズは、語学の苦手な人でもぶっつけ本番で会話が楽しめるように、ありとあらゆる工夫をしています。実際に使った方からは「本当に役に立った」というハガキをたくさんいただきます。友達ができた方、食事に招かれた方、旅行中に基本的な言葉を覚えた方……、そんな方がたくさんいます。

　その土地の言葉で話そうとする人は歓迎されるもの。そして会話がはずめば、次々とおもしろい体験が押し寄せてきます。現地の人しか知らない「とっておきのおいしい店」や「最近流行っているスポット」を教えてもらったり、その時でしか見られない催しに連れていってもらったり……。こういった体験は、おきまりの場所をたどる旅行より数十倍、数百倍おもしろいものです。

　では、どうやると本書をそんなふうに使えるのか、そのコツをいくつか紹介します。

第1のコツ→面白い本だとわかってもらう

　本書は、実際の会話の場面で話し相手に興味を持ってもらうための工夫をいたるところにしています。

　言葉の一つ一つは、あなたが使うためはもちろん、スウェーデン人に"ウケる"ことも考えて選んでいますし、イラストも興味を少しでもひくために盛り込んでいます。

　14ページの「自己紹介」、46ページの「映画・音楽・本」なども、実用的な意味と同時に、スウェーデン人に「こんなことも載っているのか！ 面白そうな本だな～」と感じてもらう意味があります。相手に合わせて、興味を持ってくれそうなページをすかさず見せることは重要なポイントです。

第2のコツ→おおまかに全体を頭に入れておく

　どのページにどんな表現が載っているかを把握しておくと、スムーズにいろんな言葉を使えます。目次を見ながら、興味のあるページを眺めておきましょう。

第3のコツ→少ない単語を駆使する

　外国語というと、たくさん言葉を覚えないと、と思っていませんか？ でも少ない言葉でも、いろんなことが話せるのです。

　たとえば、あなたが日本で外国人に尋ねられた状況を考えてみてください。「シンカンセン、シンカンセン、ヒロシマ」と言われたら"この人は新幹線で広島に行きたいらしい"ということは、充分にわかるものです。また、その人が腕時計を何度も指さしていたら"急いでいるんだな"ともわかるでしょう。

　「大きい」「小さい」「好き」「歩く」「どうしたの？」などの言葉も、さまざまな状況でさまざまな形で使えます。

　本書ではそういった使い回しのきく言葉や表現を優先的に拾っていますので、早い人なら1週間で簡単な会話のやりとりはこなせるようになります。

第4のコツ→得意な言葉を作る

　本書を使っていると、人によってよく使うページは分かれます。年齢に話題をふりたがる人、その土地の文化を話したがる人、家族のことをもちだす人……。

　好きな言葉、よく使う言葉ほどすぐに覚えられるもの。

　そんな言葉ができたら、発音をくり返して、話すだけでも通じるようにひそかに練習しましょう。

　片言でも自分の言葉にして、話して通じることは、本当に楽しい経験になり、また会話の大きなきっかけとなります。

Kära alla svenskar

Hej hej! Jag heter Kimiyo Okado och är författare av denna bok.
Hur många länder har ni rest till förut? Som ni vet, är Japan en isolerad ö, så det är ganska jobbigt för japanska studenter att tjäna pengar för resor till andra länder som ligger långt från Japan. För vuxna människor som har fått stabila löner, är det verkligen mycket svårt att få en lång semester. Det är anledningen till att vi japaner inte kan åka utomlands ofta och de flesta av oss inte är vana vid resor till utlandet.
Den japanen som står framför dig nu är en aktiv typ, mycket intresserad av Sverige och har lust att ha kommunikation med er på svenska. Vi japaner har en sida som ni också har, det är nämligen att vi är blyga ocskå. Vidare, eftersom svenska är ett mycket okänt språk, finns det möjlighet att japanen inte kan uttrycka sig så bra, så var snäll och peka på bilder eller ord i boken och uttala dem för japanen. Och skulle du kunna ge några råd så att japanen i fråga kan komma tycka om Sverige mer? Er hjälpsamhet kommer att vara kvar som intryck från den japanens resa.
Till sist, hoppas jag att alla läsare av denna bok ska kunna ha fler underbara minnen än andra turister och äta många svenska goda bakelser och vilja åka till Sverige igen!!

Med hjärtliga hälsningar
Kimiyo Okado

親愛なるスウェーデンのみなさまへ

　こんにちは！私はこの本の著者の岡戸紀美代です。
　皆さんは今まで何カ国へ旅行をしたことがありますか？　日本は皆さん知っての通り孤立した島国なので、学生たちにとって遠い国への旅行代を稼ぐことは大変です。いっぽう、安定した収入がある社会人にとっては、長期休暇を取るのはかなり難しいのが現実です。だから気軽に外国へ足を運ぶということはなかなかできず、多くの日本人が海外旅行にあまり慣れていません。今、みなさんの前にいる日本人は、スウェーデンにとても興味を持ち、みなさんとスウェーデン語でコミュニケーションを取りたいと思っている積極的な人です。私たち日本人はみなさんのようにシャイな部分があり、また、日本人にとってスウェーデン語は未知の言語のため、読者は言いたいことを上手に表現できない場合があると思うので、この本のイラストや単語を指してあげたり、発音してあげてください。そして読者がスウェーデンをもっともっと好きになれるように、スウェーデンの魅力をいろいろと教えてあげてください。みなさんの優しさが、読者のスウェーデンについての印象として残ります。
　最後に、この本の読者全員が他の旅行者よりも素敵な思い出を作れて、たくさんのおいしいケーキを食べることができ、スウェーデンへまた行きたいと思えるような旅ができますように！

岡戸　紀美代

第1部
「旅の指さし会話帳」本編
Din reskompis till Sverige

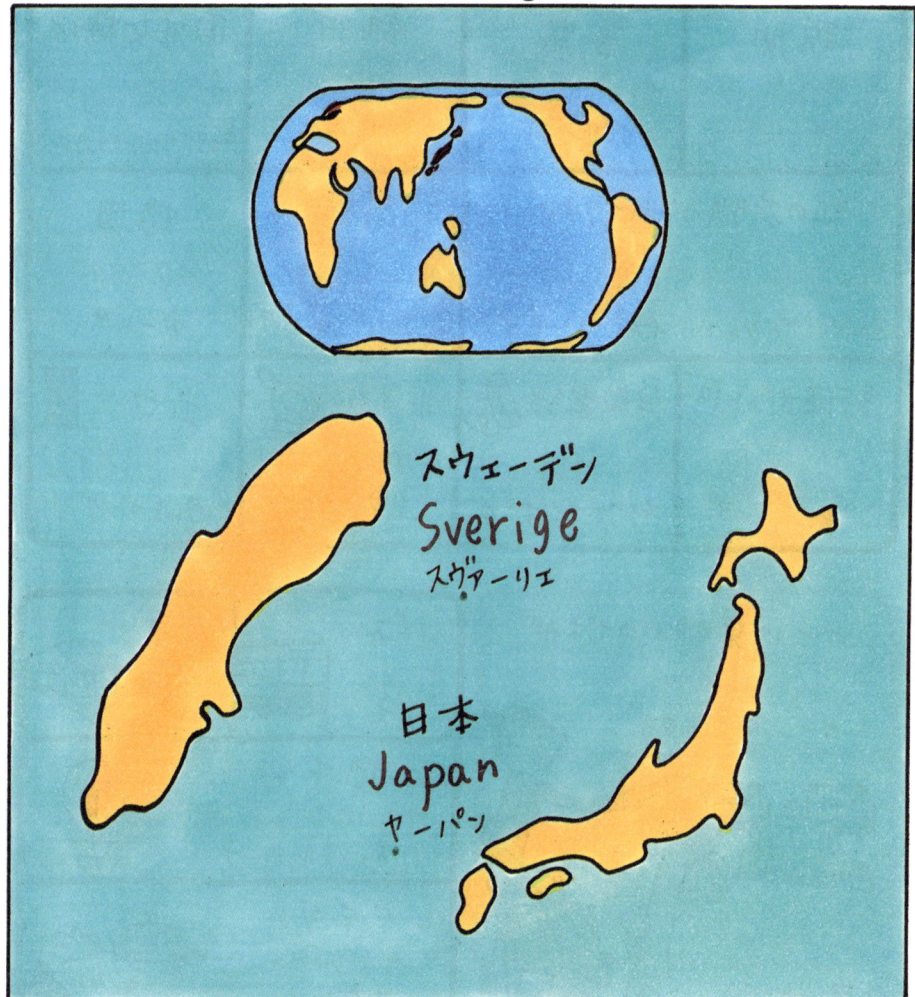

空港→宿 Flygplatsen→Boende
リーグプラッツェン→ボーエンデ

～はどこですか？ Var finns ～？ ヴァ フィンス	入国審査 passkontroll パスコントロール	国内線 inrikesflyg インリーケスフリーグ
	居住者 *1 Invånare インボーナレ	外国人 utlänning ウートレンニング

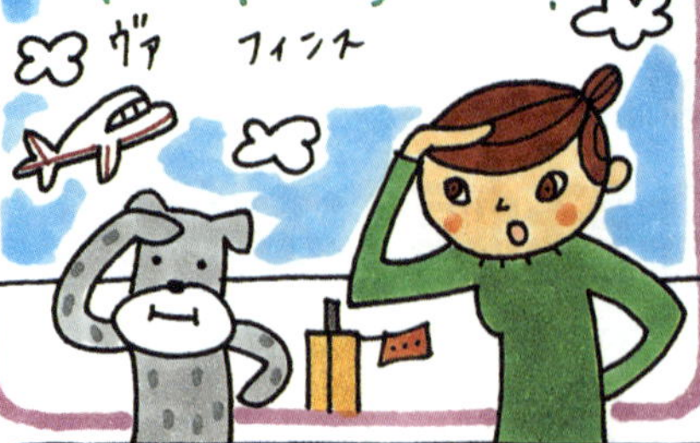

税関 tull テュル	警察 polis ポリース	銀行 bank バンク	両替交換所 växlingskontor ヴェクスリングスコントロール
私の荷物が出てきません Mitt bagage har inte kommit än. ミット バガーシュ ハー インテ コミット エン		禁煙 rökning förbjuden ロークニング フォービューデン	地図 karta カータ
郵便ポスト brevlåda ブレーヴローダ	公衆電話 telefonkiosk テレフォーンシオスク	トイレ toalett トアレット	出口 utgång ウートゴング

→トラブル⑦

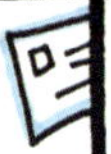

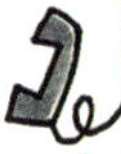

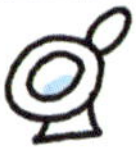

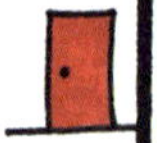

～に乗りたいのですが
Jag vill ta ～ *2
ヤー ヴィル ター

→乗り物⑱

バス buss ブス	電車 tåg トーグ
地下鉄 tunnelbana テュンネル バーナ	
タクシー taxi タクシー	

8　*1 現在スウェーデンには約880万人が住んでいます。
　　*2「Jag vill åka ～」(ヤー ヴィル オーカ ～)という言いかたもあります。

空港→宿

～に行きたい
Jag vill { gå (歩いて) / åka (乗り物で) } till ～
ヤー ヴィル ゴー / オーカ ティル

karta → 地図 (52) (20)

駅
Station
スタショーン/スタフーン

ホテル *1
hotell
ホテル

中心（市街地）
Centrum
セントルム

いくらですか？*2
Vad kostar det?
ヴァ コスタ デッ

□クローナ
krona
クローナ
kronor
クローノル

Cirkaクローナくらい
□krona
シールカ クローナ
kronor
クローノル

→ 数字とお金 (22)

部屋を1部屋予約してあります
Jag har bokat ett rum.
ヤー ハール ブーカト エット ルム

□ツ星ホテルを探しています
Jag letar efter □-stjärnigt hotell.
ヤー レータル エッテル ファーニクト ホテル

部屋は空いていますか？
Finns det ett ledigt rum?
フィンス デッ エット レディクト ルム

1日いくらですか？
Vad kostar det per natt?
ヴァ コスタ デッ ペール ナット

部屋に～はありますか？
Finns ～ i rummet?
フィンス イ ルンメット

シングルベッド
enkelrum
エンケル ルム

ツインベッド
dubbelrum
デュッベル ルム

フロ付き
med bad
メッド バード

シャワー付き
med dusch
メッド デュッシュ

ミニ冷蔵庫
med ett litet kylskåp
メッド エット リーテット シールスコープ

エアコン
luftkonditionering
ルフトコンディショーネーリング / ルフトコンディフネーリング

□泊します *3
Jag stannar □ natt/nätter
ヤー スタンナル ナット/ネッテル

あいさつ｜移動｜数字・買物｜時間｜食事｜文化｜生物｜家・人｜トラブル｜その他

*1 スウェーデンではホテル代がとても高いので、さほどサービスの変わらないエコノミーホテルの宿泊をお薦めします。
*2 「Hur mycket kostar det?」（ヒュール ミュッケ コスタ デッ？）でもOKです。
*3 「1泊します」は「Jag stannar en dag」(ヤー スタンナル エン ダーグ)、「2泊します」は「Jag stannar två nätter」、3泊、4泊…は、tvåの部分の数字をそれぞれtre, fyra…に替えてください。

発音の注意 Uttal
ウッタール

ch
「シュ」または「フ」という発音になる

社長 chef シェフ/フェフ

マッシュルーム champinjon シャンピニョーン/ファンピニョーン

dj / gj / hj / lj
語頭では [j] という発音になる

動物 djur ユール

鋳鉄 gjutjärn ユートヤーン

ハート hjärta ヤータ

光 ljus ユース

g
- 硬母音 (a, o, u, å) の前では [g]
- 軟母音 (e, i, y, ä, ö) の前では [j]

通り gata ガータ

キャンディー類 godis グーディース

ジム gym イム

ゲスト gäst イエスト

＊語末では [g]　おなか mage マーゲ

j
[j] という音になる

日本 Japan ヤーパン

日本人 japan* ヤパーン

クリスマス jul ユール

仕事 jobb ヨップ

k
硬母音 (a, o, u, å) の前では [k]
軟母音 (e, i, y, ä, ö) の前では [ɕ]

ネコ katt カット

ケーキ kaka カーカ

キス kyss シュッス

中国 Kina シーナ

＊語末では [k]

＊日本人女性は japanska (ヤパンスカ) になります。

発音の注意

lg / rg

[lj]、[rj] という発音になる*

週末　helg　ヘリィ

山　berg　ベリィ

sch / sj / skj / stj

「シュ」または「フ」という発音になる

シャンプー　schampo　シャンプー／ファンプー
海草　sjögräs　ショーグレース／フョーグレース
シャツ　skjorta　ショーッタ／フョーッタ
星　stjärna　シャーナ／ファーナ

sk

- 硬母音 (a, o, u, å) の前では [sk]
- 軟母音 (e, i, y, ä, ö) の前では「シュ」または「フ」

くつ　sko　スコー
乾杯!　skål!　スコール
冗談　skämt　シェムト／フェムト
スプーン　sked　フェード

sion / tion

「ショーン」または「フーン」という発音になる

レッスン　lektion　レクショーン／レクフーン
インフォメーション　information　インフォマショーン／インフォマフーン

*例外　国家・nation・ナトゥショーン／ナトゥフーン など

tj

[ʃ] という発音になる

泥棒　tjuv　シューブ

z

[s] という発音になる

動物園　zoo　ソー

ゾーン　zon　ソーン

---

* その他に「arg」(怒った) はアリィ、「älg」(大角鹿) はエリィ。

あいさつ／移動／数字・買物／時間／食事／文化／生物／家・人／トラブル／その他

あいさつ Hälsning
ヘルスニング

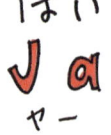

*1 「Hej hej !」(ヘイヘイ)や「Hejsan !」(ヘイサン)という言いかたもあります。
*2 その他に「Vi syns」(ヴィ シーンス)。
*3 少しかしこまった言いかたで「Ingen orsak」(インゲン ウーシャック)、「Det var så lite så」(デッ ヴァー ソー リーテ ソー)

あいさつ

ごめんなさい
Förlåt! *¹
フェロート

失礼
Ursäkta! *²
ウーシャクタ

よい1日を
Ha det så bra!
ハー デ ソー ブラ

よい旅を
Ha trevlig resa!
ハー トレーヴリッ レーサ

おめでとう
Gratulera!
グラチュレーラ

(お誕生日)おめでとう!
Grattis (på födelsedagen)!
グラッティス (ポ フェーデルセダーゲン)

はい、お願いします
Ja, tack.
ヤー タック

いりません。結構です
Nej, tack.
ネイ タック

もちろん
Javisst!
ヤヴィスト

乾杯!
Skål!
スコール

ゆっくり話してください *³
Kan du prata långsammare?
カン デュー プラータ ロングサンマレ

ここに書いてください
Kan du skriva det här?
カン デュー スクリーヴァ デ ハール

---

*1 「Förlåt mig!」(フェロート メイ)と、migを付けると少し意味が強くなります。
*2 「Ursäkta mig!」(ウーシェクタ メイ)も、上と同様。
*3 「もうちょっとゆっくり話してください」は、lite långsammare(リーテ ロングサンマレと、liteを前に付けてください。

自己紹介 Presentation om dig
プレセンタフーン オム ディ

あいさつ / Presentation om dig

私の名前は〜です *1
Jag heter 〜
ヤー ヘーテル

私は〜から来ました
Jag kommer från 〜
ヤー コンメル フロン

はじめまして (かしこまった言い方) ↓あいさつ⑫
God dag.
グ ダー

会えてうれしいです
Trevligt att träffas.
トレヴリクト アット トレッファス

あなたの名前は?
Vad heter du?
ヴァッ ヘーテル デュー

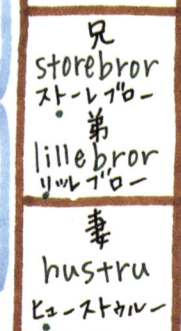

父 far ファル	母 mor モル	↓家族㊿
兄 storebror ストーレブロー	姉 storasyster ストーラシステル	
弟 lillebror リッレブロー	妹 lillasyster リッラシステル	
妻 hustru ヒューストゥルー	夫 man マン	
息子 son ソーン	娘 dotter ドッテル	

私は〜です
Jag är 〜
ヤー エ

仕事は何ですか?
Vad har du för yrke?
ヴァッ ハー デュー フォー イルケ

定年退職
pension
ペンションン / ペンフーン

学生 *2 **student** ストゥデント	会社員 **tjänsteman** シェンステマン	ミュージシャン **musiker** ムーシケル	主婦 **hemmafru** ヘンマフルー
ショップ店員 **försäljare** フォーセーヤレ	教師 **lärare** レーラレ	銀行員 **banktjänsteman** バンクシェンステマン	農家 **bonde** ボンデ 
コック **kok** コック	工場の労働者 **fabriksarbetare** ファブリークスアルベターレ	エンジニア **ingenjör** インジェンショール	失業者 *3 **arbetslös** アルベーツロース

*1「自分の名前+heter jag」(ヘーテル ヤー)という言いかたもできます。でも基本的に、自分の名前だけを握手しながら言うだけの場合が多いかな。 *2 studerande (ステュデーランデ) も同じ意味です。 *3 スウェーデンの失業率の高さは、深刻な問題です。

自己紹介

仕事で来ています
Jag är här i affärer
ヤー エー ハール イ アフェーレル

～のために来ました
Jag kom hit för ～
ヤー コム ヒット フォー

休暇で来ています
Jag är här på semester
ヤー エー ハール ポ セメステル

買い物→㉔	ミュージカル観賞
att shoppa	att titta på musical
アット ショッパ	アット ティッタ ポ ムーシカル

スポーツ観戦	勉強
att titta på sport	att studera
アット ティッタ ポ スポート	アット ステュデーラ

スウェーデン語学校に通っています
Jag går i svensk skola
ヤー ゴー イ スヴェンスク スコーラ

観光	新婚旅行
sightseeing	smekmånad
サイトシーイング	スネクモーナド

スウェーデンに来たのは初めてですか？
Är det första gången att komma till Sverige?
エ デッ フォスタ ゴンゲン アット コンマ ティル スヴァーリエ

友達に会いに
att träffa min kompis
アット トレッファ ミン コンピス

ここで～を習っています
Jag läser ～ här
ヤー レーセル ハール

趣味は～です
Min hobby är ～
ミン ホビィ エ

スウェーデン語	英語 *	スポーツ	料理
svenska	engelska	sport	matlagning
スヴェンスカ	エンゲルスカ	スポート	マートラーグニング

経済学	社会学	旅行	ネットサーフィン
ekonomi	sociologi	resor	att surfa på nätet
エコノミー	ソシオロギー	レーソル	アット スーファ ポ ネッット

建築学	歴史学	乗馬	エアロビ
arkitektur	historia	att rida	aerobics
アーキテクテュール	ヒストーリア	アット リーダ	アエロビクス

あいさつ｜移動｜数字｜買物｜時間｜食事｜文化｜生物｜家人｜トラブル｜その他

＊ ノルウェー語はnorska（ノルシュカ）、フィンランド語はfinska（フィンスカ）、デンマーク語はdanska（ダンスカ）、アイスランド語はisländska（イースレンドスカ）、ドイツ語はtyska（テュスカ）、スペイン語はspanska（スパンスカ）イタリア語はitalienska（イタリエンスカ）、ロシア語はryska（リュスカ）、中国語はkinesiska（シネーシスカ）。

街を歩く Att promenera i stan
アット プロメネーラ イ スタン

〜へ行きますか？
Ska du {gå(歩いて) / åka(乗り物で)} till 〜?
スカ デュ ゴー / オーカ ティル

〜に行きたい
Jag vill {gå / åka} till 〜
ヤー ヴィル ゴー / オーカ ティル

銀行 bank バンク	郵便局 post ポスト	病院 → 68 sjukhus シュークヒュス／フュークヒュス
公園 park パルク	酒屋 systembolag システムボラーグ	駅 station スタショーン／スタフーン
デパート varuhus ヴァールヒュス	警察署 → 70 polisstation ポリース スタショーン／ポリース スタフーン	バス停 Busshållplats ブスホール プラッツ
美術館 konstgalleri コンストガッレリー	空港 flygplats フリーグ プラッツ	競技場 stadion スターデイオン
本屋 bokhandel ブークハンデル	市場 torg トリィ	トイレ toalett トアレット 男 herr ヘル　女 dam ダム

↓乗り物 18

北 norr ノル
西 väster ヴェステル
東 öster オステル
南 söder ソーデル

遠い långt bort ロングト ボート

そば nära ナーラ

＊お酒を買うときは、必ず身分証明書を持っていきましょう。というのも、アジア人は若く見えるため、お酒を買えなかった経験が何度かあります。未成年者に対する酒やタバコなどの販売は、かなり厳しく管理されているのです。

乗り物 Transportering
トランスポテーリング

切符を買う

〜への乗車券はどこで買えますか?
Var kan jag köpa en biljett till 〜?
ヴァール カン ヤー ショーパ エン ビリエット ティル

飛行機	列車	長距離バス	フェリー	予約
flyg	tåg	långfärdsbuss	fartyg	bokning
フリーグ	トーグ	ロングフォードスブス	ファッティグ	ブークニング

席を一つ予約したい *
Jag vill boka en plats.
ヤー ヴィル ブーカ エン プラッツ

〜行きの列車はどれ?
Vilket tåg går till 〜?
ヴィルケット トーグ ゴー ティル

乗りかえないといけませんか?
Måste jag byta tåg?
モステ ヤー ビータ トーグ

窓口
biljettlucka
ビリエットルッカ

〜から...まで
från 〜 till ...
フロン　ティル

ヨーテボリ行きの列車は何時に出発しますか?
Hur dags går tåget till Göteborg?
ヒュール ダグス ゴー トーゲット ティル ヨーテボリィ

→ 時間と時計 ㉚

ファーストクラス・一等	エコノミークラス・二等	寝台車
första klass	andra klass	sovvagn
フォシュタ クラス	アンドラ クラス	ソーヴ ヴァグン

片道 →	往復 ↔	☀一日券🌙	子供料金切符
enkel	tur och retur	endagsbiljett	barnbiljett
エンケル	テュール オック レテュール	エンダーグスビリエット	バーン ビリエット

確認する	再確認する	変更する(日付けなど)
bekräftar	bekräftar igen	ändrar
ベクレフタル	ベクレフタル イエン	エンドラル

キャンセルする
avbeställer
アヴ ベステッレル

予約を取り消したい
Jag vill avbestalla bokningen.
ヤー ヴィル アヴ ベステッラ ブークニンゲン

＊SASなどでは国内線の場合、26歳以下の人はスタンバイチケットを買うことができます。

乗り物に乗る

〜はどこですか？ Var finns 〜 (-en / -et)? ヴァー フィンス	空港 flygplats フリーグプラッツ	エアバス flygbuss フリーグブス
鉄道 järnvägsstation ヤーンヴェーグス スタショーン / ヤーンヴェーグス スタフーン	バス停 busshållplats ブスホール プラッツ	乗り換え駅 anslutningsstation アンスルートニングス スタショーン / アンスルートニングス スタフーン

乗り物

出発 avgång アヴゴング	到着 ankomst アンコムスト	遅れて försenat フォーセーナト	定刻 i tid イティード
入口 ingång インゴング	出口 utgång ウートゴング	時刻表 tidtabell ティドタベール	プラットホームの番線 spår スポール
エレベーター hiss ヒス	エスカレーター rulltrappa ルッルトラッペ	通路側座席 gångplats ゴングプラッツ	窓側座席 fönsterplats フェンステルプラッツ

どこでタクシーに乗れますか？
Var kan jag ta en taxi?
ヴァール カン ヤー ター エン タクシ

いくらですか？ → ㉒
Vad kostar det?
ヴァ コスタ デッ

どこまでですか？
Vart vill du åka?
ヴァット ヴィル デュー オーカ

〜までです
Till 〜
ティル

ここで止まってください
Stanna den här
スタンナ デン ハール

借りる

〜はどこで借りられますか？*
Var kan jag hyra 〜?
ヴァール カン ヤー ヒーラ

車を1台借りたい
Jag vill hyra en bil.
ヤー ヴィル ヒーラ エン ビル

車 bil ビル 	バイク motorcykel モートシッケル 	自転車 cykel シッケル 
オートマティックギア automatväxel アウトマート ヴェクセル	ガソリン bensin ベンシーン 	保険 försäkring フォセークリング

---

* 「無料で借りる」は låna（ローナ）、「どこで本を借りられますか？」は「Var kan jag låna en bok(1冊) / böcker(複数)?」（ヴァー カン ヤー ローナ エン ブーク / ブッケル）と言います。

ストックホルム Stockholm
ストックホルム

ツアリストインフォメーション
Turist information
テュアリスト インフォマツョーン
テュアリスト インフォマツォーン

こんにちは
街の地図がほしいです
Hej, jag vill ha en karta över staden.
ヘイ ヤー ヴィル ハーエン カルタ
オーヴァー スターデン

地図上の地名

- 天文台博物館 Observatorielunden オブセルヴァトリエルンデン
- オーデン通り Odengatan オーデンガータン
- ダーラ通り Dalagatan ダーラガータン
- ドロトニング通り Drottninggatan ドロトニングガータン
- スヴェア通り Sveavägen スヴェアヴェーゲン
- エンゲルブレクト通り Engelbrektsgatan
- ビリエル ヤール通り Birger Jarlsgatan ビリエル ヤールスガータン
- クング通り Kungsgatan クングスガータン
- 王立公園 Kungsträdgården クングストレードゴーデン
- フレミング通り Fleminggatan フレミングガータン
- ヴァーサ通り Vasagatan ヴァーサガータン
- ハムン通り Hamngatan ハムンガータン
- クングホルム通り Kungholmsgatan クングホルムスガータン
- クングストレードゴート通り Kungsträdgårdsgatan クングストレードゴードスガータン
- 中央駅 Central stationen セントラール スタツィオーネン
- フレド通り Fredsgatan フレードスガータン
- オペラハウス Opera オペラ
- ストロム通り Strömgatan ストロムガータン
- 市庁舎 Stadshuset スタッツヒューセット
- 王宮 Kungliga slottet クングリガ スロッテット
- 貴族の館 Riddarhuset リッダーヒューセット
- 大聖堂 Storkyrkan ストーキルカン
- リッダーホルム教会 Riddarholmskyrkan リッダーホルムスシルカン
- ドイツ教会 Tyskakyrkan ティスカシルカン
- リッダー湾 Riddarfjärden リッダーフィアーデン
- ヨート通り Götgatan ヨートガータン
- ホーン通り Hornsgatan ホーンスガータン
- マリア教会 Mariakyrka マリアシルカ

バスに乗りたいです
Jag vill åka buss.
ヤー ヴィル オーカ ブス

列車に乗りたいです
Jag vill åka tåg.
ヤー ヴィル オーカ トーグ

地下鉄に乗りたいです
Jag vill åka tunnelbana.
ヤー ヴィル オーカ テュンネルバーナ

船に乗りたいです *1
Jag vill åka fartyg.
ヤー ヴィル オーカ ファッティグ

---

*1 Jag vill åka båt (ヤー ヴィル オーカ ボート) も同じ意味です。 *2 クング通りには、有名な Vete-Katten (ヴィエーテ カッテン) というケーキ屋兼カフェがあります。店内はとても広く、普通のケーキ屋さんでは見られないケーキもいくつかあるのでおススメ！

あいさつ / 移動 / Stockholm

20

数字とお金 Nummer och pengar
ヌンメル オック ペンガル

1 ett エット	2 två トゥヴァー	3 tre トレー	4 fyra フィーラ
5 fem フェム	6 sex セックス	7 sju シュー/フュー	8 åtta オッタ
9 nio ニーオ	10 tio ティーオ	11 elva エルヴァ	12 tolv トルヴ
13 tretton トレットン	16 sexton セックストン	17 sjutton シュットン/フュットン	
20 tjugo シューゴ	30 trettio* トレッティ(オ)	60 sextio セックスティ(オ)	70 sjuttio シュッティ(オ)/フュッティ(オ)
	100 ett hundra エット フンドラ	1000 ett tusen エット テューセン	1000000 en miljon エン ミリオーン
1/2 en halv エン ハルヴ	2/3 två tredjedelar トゥヴァー トレー ディエデーラル	1 1/2 ett och en halv エット オック エン ハルヴ	0.1 noll komma ett ノル コンマ エット

数字の読み方

2ケタ (例) 52
femtiotvå
フェムティ(オ) トゥヴァー

3ケタ (例) 346
trehundra fyrtiosex
トレーフンドラ フォッティ(オ) セックス

4ケタ (例) 3489
tretusenfyrahundraåttionio
トレーテューセン フィーラクンドラ オッティ(オ) ニーオ

年号 (例) 1976年
nittonhundrasjuttiosex
ニットン フンドラ シュッティ(オ) セックス
ニットン フンドラ フュッティ(オ) セックス

(例) 2002年
tvåtusentvå
トゥヴァー テューセン トゥヴァー

*30〜90の数えかたで、30「trettio」(トレッティオ)の(オ)は基本的に発音はしません。

それ いくら？ **Vad kostar det?**
ヴァッ コスタ デッ

高い **dyrt** デュールト

安い **billigt** ビリックト

値段の読み方 **sexton och femtio**
セックストン オ フェムティ(オ)

値段 **pris** プリース	紙ヘい **lapp** ラップ *	コイン **mynt** ミント	おつり **växel** ヴェクセル
スウェーデンクローナ **krona** クローナ	オーレ **öre** オーレ	日本円 **japansk yen** ヤパンスク イエン	ユーロ **Euro** エウロ/ユーロ

いくつ？（数） **Hur många?**
ヒュール モンガ

どのくらい？（量） **Hur mycket?**
ヒュール ミュッケッ

少なすぎる（数） **för få** フォー フォー

少なすぎる（量） **för lite** フォー リーテ

多すぎる（数） **för många** フォー モーガ

多すぎる（量） **för mycket** フォー ミュッケ

それで充分です **Det räcker**
デット レッケル

スウェーデンクローネにかえたい（かなりくだけた言い方）
Till svensk, tack.
ティル スヴェンスク タック

小銭にかえていただけますか？
Kan du växla det till småpengar?
カン デュー ヴェクスラ デッ ティル スモーペンガル

数字とお金

数字・買物 / 時間 / 食事 / 文化 / 生物 / 家人 / トラブル / その他

* 20クローナ札と500クローナ札はtjugokronorssedel（シューゴクロノースセーデル）、femhundrakronorssedel（フェムフンドラクローノースセーデル）、50クローナ札、100クローナ札、1000クローナ札は、それぞれfemtiolapp（フェムティラップ）、hundralapp（フンドララップ）、tusenlapp（テューセンラップ）と言います。小銭の50オーレはfemtioöring（フェムティオーリング）です。ちなみに1000クローナ札は、大金を窓口で受け取るとき以外は、めったに見かけることはありません。

買い物 Shopping
ショッピング

～を買いに行く
Jag ska gå och handla ～.
ヤー スカ ゴー オック ハンドラ

飲み物
dryck
ドリック

タバコ（複数）
cigarretter
シガレッテル

地図
karta
カータ

切手
frimärke
フリーマルケ

～はどこで買えますか？
Var kan jag köpa ～?
ヴァーカン ヤー ショーパ

～はどこ？（建物など）
Var finns ～?
ヴァー フィンス

デパート
varuhus
ヴァールヒュース
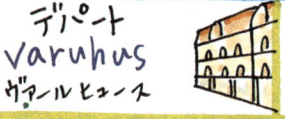

スーパー*
Stort snabbköp
ストールト スナップショープ
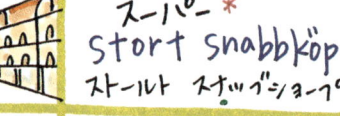 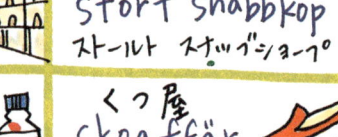

パン屋
bageri
バゲリー
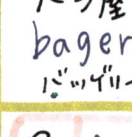

薬局
apotek
アポテーク

くつ屋
skoaffär
スコーアフェール

2階 **förstaväningen** フォスタ ヴォーニンゲン
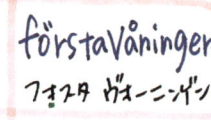

売店
kiosk
シオスク
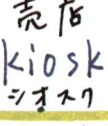

CD屋
skivaffär
フィーヴァフェール

1階 **bottenvåningen** ボッテン ヴォーニンゲン

おみやげ屋
suveniraffär
スヴェニルアフェール

洋服屋
klädaffär
クレードアフェール

地下室 **källare** シェーラレ

こんにちは、いらっしゃいませ（お手伝いしましょうか？）
Hej, vill du ha hjälp?
ヘイ ヴィル デュー ハー イェルプ

ええ、～はありますか？
Ja, tack. Har du ～?
ヤ タック ハー デュー

～はどこにありますか？
Var finns ～?
ヴァー フィンス

～を探しています
Jag letar efter ～.
ヤー レータル エフタル

洋服 → 26　飲み物 → 42
生活用品 → 24　くつ → 26

＊ おもな大型スーパーには、Coop Konsum（コープ コンスム）、Hemköp（ヘムショープ）ICA（イーカ）、Malmborgs（マルムボリィス）、Willy's（ヴィリース）などがあり、Coop Konsumはそのなかでもかなり高めです。

買い物

いいえ 結構です。　見ているだけです
Nej, tack.　Jag tittar bara.
ネイ　タック　ヤー ティッタル バーラ

これを見せていただけませんか?
Kan du visa mig det?
カン デュー ヴィーサ ナイ デッ

では これにします
Jag tar det.
ヤ ター デッ

これはいくらですか?
Vad kostar det?
ヴァッ コスタ デッ

レジは どこですか?
Var är kassan?
ヴァー エ カッサン

〜で払います
Jag betalar 〜
ヤー ベターラ

現金で
kontant
コンタント

カードで
med kort
メッド コート

カードで払ってもいいですか?
Får jag betala med kort?
フォー ヤー ベターラ メッド コート

以上でよろしいですか?
Är det bra så?
エ デッ ブラ ソー

はい
Ja.
ヤー

袋をください
En påse, tack.
エン ポーセ タック

レシートをください
Får jag kvittot?
フォー ヤー クヴィットット

サフランを1袋みください *1
En påse saffran, tack.
エン ポーセ サッフラン タック

ビニール袋 *2
plastkasse
プラスト カッセ

紙袋
kasse
カッセ

布袋
tygkasse
ティーグ カッセ

(お金を受け取ったお店の人) ありがとうございます
Tack ska du ha.
タック スカ デュ ハー

ありがとう、さようなら
Tack, hej då
タック ヘイ ドー

値下げ
rabatt
ラバット

夏物バーゲン
sommarrea
ソンマルレア

冬物バーゲン
vinterrea
ヴィンテルレア

数字・買物　時間　食事　文化　生物　家・人　トラブル　その他

*1 サフランはレジでしか買えません。高いし、包みが薄く盗まれやすいからだそうです。
*2 スーパーのビニール袋や紙袋は有料です。

市場 Torg
トリィ

何にしますか？ Vad vill du ha? ヴァ ヴィル デュー ハー

〜をください 〜 tack. タック

りんご1個 ett äpple エット エップレ	トマト1個 en tomat エン トマート	小さいパン1個 ett litet bröd エット リーテット ブロード
バナナ 3つ tre bananer トゥレー バナーネー	いちご1パック en korg jordgubbar エン コリィ ヨードグッバー	
ネクタリン 2パック två korgar nektariner トゥヴォー コリャル ネクタリーネル	お会計はどこ？ Var finns kassan? ヴァー フィンス カッサン	

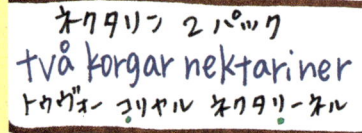

他に何か？ Något annat? ノーゴット アンナット	いいえ、結構です Nej, tack. ネイ タック	これで全部です Det är bra så. デッ エ ブラ ソー
以上でよろしいですか？ Är det bra så? エッ デ ブラ ソー	はい Ja, tack. ヤー タック	袋をください Kan jag få en påse? カンヤー フォーエン ポーセ

果物 frukt フルクト	りんご äpple エップレ	バナナ *1 banan バナーン	オレンジ apelsin アペルシーン
ぶどう vindruva ヴィンドルーヴァ	西洋なし päron ペーロン	さくらんぼ körsbär ショーシェバー	もも persika パーシカ
いちご jordgubbe ヨードグッベ	ラズベリー *2 hallon ハーロン	ブラックベリー björnbär ビョルンバー	クランベリー hjortron ヒョールトロン
ブルーベリー blåbär ブローバー	こけもも lingon リンゴン	野いちご smultron スムルトゥロン	野バラの実 nypon ニーポン

*1 スウェーデン人はバナナ好きなので、駅や学校などでバナナを食べている人をよく見かけます。
*2 北欧ベリーは他の国のベリーよりもいい栄養素が詰まっているそうです。

市場

野菜 grönsak グローンサーク	トマト tomat トマート	タマネギ lök ローク	ピーマン paprika パープリカ
にんじん morot モロート	とうもろこし majs マイス	きゅうり gurka グルカ	マッシュルーム champinjon シャンピニョーン/ファンピニョーン
キャベツ vitkål ヴィートコール	ネギ purjolök プューリョローク	じゃがいも potatis ポタァーティス	にんにく vitlök ヴィートローク

肉 kött ショット	ステーキ肉 biff ビフ	ハム skinka フィンカ	豚肉 fläsk フレスク
七面鳥 kalkon カルコーン	ソーセージ korv コルヴ	ひき肉 färs ファーシュ	トナカイの肉 ren *1 レン

魚 fisk フィスク	さけ lax ラクス	にしん sill シル	いわし sardin サルディーン
うなぎ ål *2 オール	いせえび hummer フンマル	小えび räka レーカ	ざりがに *3 kräfta クレフタ

パン bröd ブロード	全粒粉パン fullkornsbröd フルコーンスブロード	グラハム grahamsbröd グラハムスブロード	食事用パン matbröd マートブロード
ライ麦パン rågbröd ロングブロード	長いパン・ライ麦パン limpa リンパ	クネッケブロード knäckebröd クネッケブロード	ロールパン bulle ブッレ

チーズ ost オスト	はちみつ honung オーヌン	卵 ägg エッグ	花 blomma ブロンマ

数字・買物 / 時間 / 食事 / 文化 / 生物 / 家・人 / トラブル / その他

*1 トナカイの肉は北のほうへ行かなくても大型スーパーで簡単に手に入ります。脂肪分が少なく、コレステロールが高い人でも安心して食べられるそうです。 *2 燻製されたうなぎがよく売られています。 *3 ざりがには見た目は大きいのに食べられる部分はほんの少しです。

月日と年月 Datum / när och klocka
ダーテュム / ナール オック クロッカ

いつ？ När ナール	何年に？	Vilket år? ヴィルケット オール	1995年 inittonhundra nittiofem *1 イーニットンクンドラ ニッティオフェム
	何日に？	Vilken dag? ヴィルケン ダーグ	6月3日 den 3 juni トレーディエ ユニ
	何時に？	Hur dags? ヒュール ダックス	3時 klockan 3 クロッカン トレー

*2

いつここに来ましたか？
När kom du hit?
ナール コム デュー ヒット

いつ日本に帰りますか？
När ska du tillbaka till Japan?
ナール スカ デュー ティルバーカ ティル ヤーパン

どのくらいここに滞在しますか？
Hur länge ska du stanna här?
ヒュール レンゲ スカ デュー スタンナ ハール

どのくらいここに居るのですか？
Hur länge har du varit här?
ヒュール レンゲ ハーデュー ヴァーリット ハール

どのくらい？ Hur länge? ヒュール レンゲ	半年（間） (i) ett halvår (イ) エット ハルヴオール	一週間（の間） (i) en vecka (イ) エン ヴェッカ
	一年（間） (i) ett år (イ) エット オール	二週間（の間） (i) två veckor (イ) トゥヴォー ヴェッコル
	一ヶ月（間） (i) en månad (イ) エン モーナド	たったの一日（間） bara (i) en dag バーラ (イ) エン ダーグ
	三ヶ月（間） (i) tre månader (イ) トレー モーナデル	五日（間） (i) fem dagar (イ) フェム ダーガル

1	2	3	4	5	6	7	8	9	10	11	12
エッタ	アンドラ	トレーディエ	フィヤーデ	フェムテ	フェッテ	フンデ	オットンデ	ニオンデ	ティオンデ	エルフテ	トルフテ

→数字 22

*1 省略してnittiofem（ニッティフェム）と言ったりします。
*2 スウェーデンでは週数えをする習慣があり、1月の始めの1週間がvecka 1（ヴェッカ エット）で、vecka 46（ヴェッカ フォッティセックス）まであります。カレンダーには必ず書かれていますよ。

32

月日と年月

月		
1月	januari	ヤヌアーリ
2月	februari	フェブルアーリ
3月	mars	マッシュ
4月	april	アプリル
5月	maj	マイ
6月	juni	ユーニ
7月	juli	ユーリ
8月	augusti	アウグスティ
9月	september	セプテンベル
10月	oktober	オクトーベル
11月	november	ノヴェンベル
12月	december	デセンベル

↓一年と天気 (34)

曜日 *1

月	måndag	モンダ(グ)
火	tisdag	ティスダ(グ)
水	onsdag	ウンスダ(グ)
木	torsdag	トッシュダ(グ)
金	fredag	フレーダ(グ)
土	lördag	ローダ(グ)
日	söndag	ソンダ(グ)
週末・祝日	helg	ヘリィ
来週	nästa vecka	ネスタ ヴェッカ

日付

□日前	för □ dag(ar) sedan 痩	フォー ダング(ダーガル) セン *
おととい	i förrgån	イ フォーゴール
きのう	i går	イ ゴール
きょう	i dag	イ ダー(グ)
あす	i morgon	イ モッロン
あさって	i övermorgon	イ オーヴェル モッロン
□日後	om □ dag (ar)	オム ダング(ダーガル)

カ月

□カ月前	för □ månad(er) sedan	フォー モーナド(モーナデル) セン
先月	förra månaden	フォーラ モーナデン
今月	denna månad	デンナ モーナド
来月	nästa månad	ネスタ モーナド
□カ月後 *2	om □ månad(er)	オム モーナド(モーナデル)

年

□年前	för □ år sedan	フォー オール セン
去年	förra året	フォーラ オーレット
今年	i år	イ オール
来年	nästa år	ネスタ オール
□年後 *3	om □ år	オム オール

*1 曜日は、神話の神様の名前から付けられました。
*2 「1カ月後」は「om en månad」(オム エン モーナド)、「2ヶ月後」は「om två månader」(オム トゥヴォー モーナデル)。
*3 「一年後」は「om ett år」(オム エット オール)、「2年後」は「om två år」(オム トゥヴォー オール)。

時間 | 食事 | 文化 | 生物 | 家・人 | トラブル | その他

食事 Mat
マート

| 朝食 frukost フルコスト | 昼食 lunch ルンフ | おやつ mellanmål メーランモール | 夕食 middag ミッダーグ |

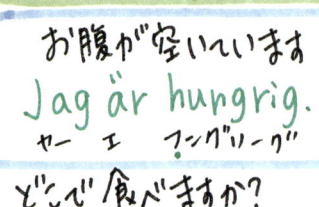

お腹が空いています
Jag är hungrig.
ヤー エ フングリーグ

何が食べたいですか？
Vad vill du äta?
ヴァッ ヴィル デュー エータ

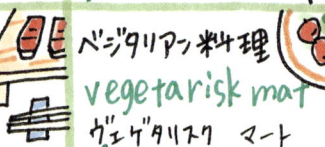

どこで食べますか？
Var ska vi äta?
ヴァール スカ ヴィ エータ

| レストラン(で) (på) restaurang レストラング | パブ(で) (på) pub プブ | カフェ(で) (på) kafé カフェー |

| スウェーデン料理 svensk mat スヴェンスク マート | デンマーク料理 dansk mat ダンスク マート | タイ料理 thailändsk mat タイレンドスク マート |

| 中華料理 kinesisk mat シネーシスク マート | 日本料理 japansk mat ヤパンスク マート | ベジタリアン料理 vegetarisk mat ヴェゲタリスク マート |

| 何名様ですか？ Hur många personer? ヒュール モンガ パショーネル | 〜名です 〜 personer. →数字② パショーネル | すみません Ursäkta. ウーシェクタ |

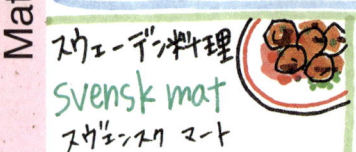

〜をください
Jag vill ha 〜.
ヤー ヴィル ハー

残念ですがそれはありません
Tyvärr har vi inte det.
チュヴェール ハン ヴィ インテ デ

| メニュー meny メニー | ワインリスト vinlista ヴィーンリスタ | 定食*1 dagens rätt ダーゲンス レット | デザート efterrätt エフレット | 水 vatten ヴァッテン |

| ナイフ kniv クニーヴ | フォーク gaffel ガッフェル | スプーン sked シェード／フェード | おはし pinnar ピンナル | 紙ナプキン servett セルヴェット |

*1 定食は割安です。

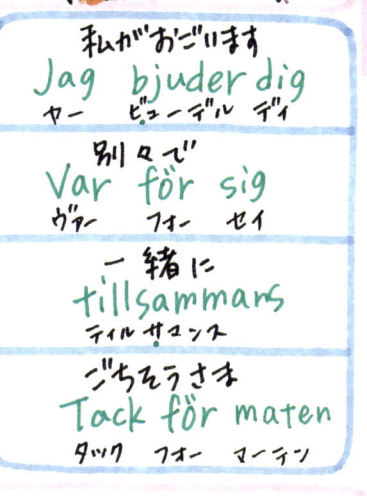

食事

とても〜	mycket 〜	ミュッケ
少し〜	lite 〜	リーテ
あまり〜でない	inte så 〜	インテ ソー
〜すぎる	för 〜	フォー
〜でない	inte 〜	インテ

おいしい	god	ゴード
すごくおいしい	mycket god	ミュッケ ゴード
まずい	äcklig	エックリグ
しょっぱい*	salt	サルト
甘い	söt	ソート
すっぱい	sur	スア
油っぽい	oljig	オーイグ
苦い	bitter	ビッテル
熱い	het	ヘート
硬い	hård	ホード
軟らかい	mjuk	ミューク
冷たい	kall	カル
味がうすい	smaklös	スマークロース
多い	mycket	ミュッケ
少ない	lite	リーテ

もっと食べたい
Jag vill äta mer.
ヤー ヴィル エータ メア

お腹いっぱい
Jag är mätt.
ヤー エ メット

お腹いっぱい（でもう食べられない）
Jag är proppmätt.
ヤー エ プロップメット

私がおごります
Jag bjuder dig
ヤー ビューデル ディ

別々で
Var för sig
ヴァー フォー セイ

一緒に
tillsammars
ティル サンマス

ごちそうさま
Tack för maten
タック フォー マーテン

お勘定お願いします
Kan jag få notan?
カン ヤー フォー ノータン

いくらになりますか？
Vad blir det?
ヴァッ ブリィ デッ

＊ 塩分が高い料理が多いです。

料理① Matlätt ①
マートレット 1

何か食べに行く？ *1	お腹が空いた
Ska vi gå ut och äta någonting?	hungrig
スカ ヴィ ゴー ウット オック エータ ノーゴンティング	フングリーグ
外食したい気分です	お腹がすごく空いた
Jag har lust att äta ut.	jättehungrig
ヤー ハー ルスト アット エータ ウート	イェッテフングリーグ

Maträtt ①

肉団子 Köttbullar *2	ピッティ パンナ Pyttipanna *3	豚ヒレカツ Fläskkotlett
ショットブッラル	ピッティ パンナ	フレスク コートレット
ハンバーグ Hamburgare	ビーフステーキ Biffstek	ロースト ビーフ Rostbiff
ハンブリアレ	ビッフステーク	ロストビッフ
前菜 Förrätt	肉料理 Kötträtt	魚介類料理 Fisk&skaldjurrätt	デザート Efterrätt
フォーレット	ショットレット	フィスク オック スカールレット	エフテレット
飲み物 Dryck	焼酎 Brännvin	ワイン Vin	ビール Öl
ドゥリック	ブレンヴィン	ヴィーン	エール
ソーセージストロガノフ Korv stroganoff	ラザニア Lasagne	ケバブ Kebab	ひれかつ Schnizel
コルブ ストロガノフ	ラサーネ	ケバーブ	シュニッツェル

*1 バイキング料理を「smörgåsbord」(スモーゴスボード) といいます。
*2 スウェーデンの伝統料理の1つ。こけももジャム「lingonsylt」(リンゴンシルト) を添えて食べます。
*3 これも伝統料理の1つ。

料理①

マッシュポテト添えホットドッグ	Korv med potatismos	コルヴ メッド ポターティスモス
ヤンソンさんの誘惑 *1	Janssons frestelse	ヤンソンス フレステルセ
サーモンのマリネ	Gravad lax	グラーヴァド ラクス
ロールキャベツ	Kåldolmar	コールドールマール
エビのオープンサンド *2	Räksmörgås	レークスモーゴース
チーズとハムのオープンサンドイッチ	Smörgås med ost och skinka	スモーゴース メッド オスト オック フィンカ
肉団子のオープンサンドイッチ	Köttbullesmörgås	ショットブッレスモーゴース
ベークドポテト	Bakpotatis	バークポターティス
ミートソーススパゲッティ	Spagetti med köttfärssås	スパゲッティ メッド ショットファッシュソース
ミートパイ	Köttpaj	ショットパイ
ミックスエビのシアバッタ	Ciabatta räkröra	シアバッタ レークローラ
魚のグラタン	Fiskgratäng	フィスク グラテン
エビのスープ	Räksoppa	レークソッパ
豆のスープ *3	Ärtsoppa	アートソッパ
ほうれん草のスープ	Spenatsoppa	スペナートソッパ
ローズヒップスープ（野バラのスープ）	Nyponsoppa	ニーポンソッパ

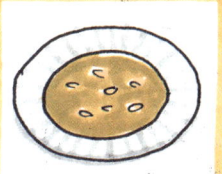

*1 伝統料理の1つで、夏至祭やクリスマスによく登場します。 *2 Räkmacka（レークマッカ）とも言います。 *3 おもに木曜日の夜、豆スープとジャムとホイップクリーム添えの薄いパンケーキtunn pankaka med sylt och grädde（テュン パン カーカ メッド シルト オック グレッデ）や、アルコール度の高い焼酎snaps（スナップス）と一緒に食べます。

料理②とエコマーク Maträtt ② och miljömärke
マートレット 2 オック ミリオーマルケ

スウェーデンの食材を買いたいな
Jag vill köpa svenska matvaror.
ヤー ヴィル ショーパ スヴェンスカ マートヴァーロー

どれがおいしいですか？
Vilken är god?
ヴィルケン エ グゥード

全部です
Alla.
アッラ

血のプリン *1
Blodpuding ブロードプディング

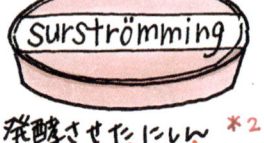

発酵させたにしん *2
Surströmming スーストロミング

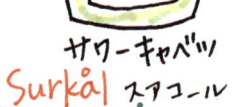

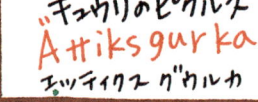

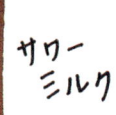

ビート
Rödbetor ロードベトー

サワーキャベツ
Surkål スアコール

キュウリのピクルス
Ättiksgurka エッティクス グゥルカ

にしん *3
Sill シル

ミルクがゆ *4
gröt グロート

サワーミルク
filmjölk フィルミョルク

ミューズリー
müsli ミューズリー

アイスクリーム
glass グラス

ラスク
skorpor スコンポー

薄型乾パン
knäckebröd クネッケブロード

---

*1 豚の血を脂や粉で固まらせたもので、薄く切って焼き、ジャムを添えて食べます。鉄分たっぷりなので、貧血気味の人にはいいそうです。 *2 室内で食べると1週間は臭いが消えないので、野外で食べるのが一般的です。 *3 いろいろな味があり、ポピュラーなのはAbba社のシルです。 *4 ジャム、またはシナモンをかけて食べます。クリスマスシーズンに家庭でよく出されます。

40

エコマーク
MILJÖMÄRKE ミリオー マルケ

スウェーデンでは、エコマークがついた商品が2500以上あるなど、エコマークシステムが盛んです。スーパーなどへ行ったら、ぜひチェックしてみましょう。

KRAV クラーヴ
食べ物・飲み物
レストラン etc

「要求」という意味のKRAVは、化学肥料、農薬を一切使っていない有機栽培商品のマーク。現在KRAV認定商品は、どのスーパーでも購入できます。

SVANEN スヴァーネン
文房具・コンピューター
洗濯機 etc

「白鳥」という意味のSVANENは、製造から廃棄されるまでのリサイクルにおいて、製品が環境に負担をかけていないという証し。1989年からスタートし、現在北欧5ヵ国で使われています。

BRA MILJÖVAL ブラー ミリオーヴァール
洗剤・石けん・紙・電力 etc

「良い環境選択」という意味のBRA MILJÖVALは、スウェーデン自然保護協会のマーク。スカンジナビア半島で最初のエコマークでもあります。1987年からスタートし、その基準はよく更新されています。

BLOMMAN ブロンマン
織物製品・室内用塗装ペンキ
ティッシュペーパー etc

「お花」という意味のBLOMMANは、生産過程において必要としたエネルギー量から、発生した騒音までの全体を厳しく条件に入れられている商品のマーク。EU諸国とその周辺で使われています。

Nyckelhål ニッケルホール

スーパーマーケットなどの食料品売り場では、エコマークがついた商品とは別種類のNyckelhål（鍵穴）がついた食品をよく見かけます。主にパンや調理済み食品についていて、その食品がほんのわずかな脂質とたくさんの繊維を含んでいるということを示しています。つまりヘルシーフードということ。

Pantmaskin パントマフィーン*

スウェーデンのペットボトルや缶類にはデポジットがついていて、飲み終わったものをマシーンに入れると、そのデポジット分のクーポンをもらうことができます。旅行中はついごみ箱に捨ててしまいがちな不要な缶やボトル類。これからはスーパーへ持っていき、"Panta(パンタ)" しましょう！

料理②とエコマーク

食事／文化／生物／家人／トラブル／その他

＊ お小遣いを増やせるので、空き缶を集めている子供の光景をよく見かけます。

飲物・デザート Dryck och efterrätt
ドゥリック オック エフテレット

飲み物 **Dryck** ドゥリック	コーヒー **kaffe** カッフェ	紅茶 **te** テー
カプチーノ **cappuccino** カプシーノ	カフェオレ **café au lait** カフェ オレー	エスプレッソ **espresso** エスプレッソ
ソフトドリンク **läsk** レスク	オレンジジュース **orangejuice** オランジュ ユース	ミネラル水 **mineral vatten** ミネラール ヴァッテン

コーヒー 1つ **en kopp kaffe** エン コップ カッフェ	コーヒー 2つ **två koppar kaffe** トゥヴォー コッパー カッフェ

スモールサイズのカフェオレを 1つください
En liten kopp café au lait, tack.
エン リーテン コップ カフェ オレー　　　タック

チーズ＊ **Ost** オスト	フレッシュチーズ **färskost** ファッシュク オスト	カマンベール **camembert** カマン ベルト
ソフトチーズ **mjukost** ミュークオスト	ハーフソフトチーズ **halvmjukost** ハルブ ミュークオスト	ハードチーズ **hårdost** ホードオスト
ヤギ乳チーズ **fårost** フォーオスト	白カビチーズ **vitmögelost** ビート モーゲル オスト	青カビチーズ **blåmögelost** ブロー モーゲル オスト

いいニオイ！ **Det luktar gott!** デッ ルクター ゴット	いやなニオイ（くさい）！ **Det luktar illa!** デッ ルクター イッラ

＊ 輸入品を含め、スーパーでたくさんの種類のチーズを見ることができます。チーズ専門店のチーズはかなり高いぶん、すごくおいしいですが、安いチーズでも十分満足できます。

ケーキ屋さん *1	パン屋	カフェ
konditori	bageri	kafé
コンディトリー	バッゲリー	カフェー

ケーキ(丸いつ)	切り分けられたケーキ	ケーキ・クッキー	丸型のパン
tårta *2	bakelse	kaka *3	bulle
トータ	バーケルセ	カーカ	ブッレ

キス	タイガークッキー	メレンゲ	カタラン
kyssar	tigerkaka	Maräng	katalan
シュッサル	ティーエルカーカ	マレング	カタラン

バニラハート	ラズベリーケイヴ	マサリーン	ラズベリードーナツ
vaniljhjärta	hallongrotta	mazarin	hallonmunk
バニリィヤッタ	ハーロングロッタ	マサリーン	ハーロンムンク

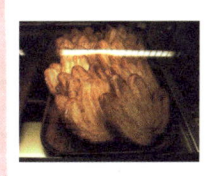

バニラドーナツ	ブリュッセルケーキ	カナッペ	サンタ帽
vaniljmunk	brysselkex	kanapé	tomteluva
バニリィムンク	ブリッセルケックス	カナペー	トムテルーヴァ

飲物・デザート

食事 / 文化 / 生物 / 家人 / トラブル / その他

*1 Conditoriと表記しているお店もあります。
*2 tårtaとbakelseは、ホイップクリームを使ったケーキ。
*3 kakaはその他のケーキやクッキーなど。kexもクッキーという意味があります。

ケーキ類 Söta saker
ソータ サーケル

あいさつ / 移動 / 数字 / 買物 / 時間 / 食事

Söta saker

	ジンジャークッキー **pepparkaka** ペッパーカーカ
	ジンジャークッキーブタ **pepparkaka-gris** ペッパーカーカ グリース ＊1
	ジンジャークッキーネコ **pepparkaka-katt** ペッパーカーカ カット
	丸型トスカーナケーキ **toscarrunda** トスカルンダ
	デニッシュペストリー **wienerbröd** ヴィエネーブロード
	シナモンパン **kanelbulle** カネールブッレ ＊2
	カンマル **kammar** カンマル
	ショウズクパン **kardemummasnäcka** カデムンマスネッカ
	ルシアパン **lussekatt** ルッセカット ＊3
	鳥の巣 **fågelbo** フォーゲルボー ＊4
	ソフトジンジャーケーキ **mjukpepparkaka** ミュークペッパーカーカ
	プリンセススポンジケーキ *prinsessbakelse* プリンセス バーケルセ ＊5
	ブダペストケーキ **budapestbakelse** ブダペストバーケルセ ＊6

＊1 クリスマスシーズンにブタ型のジンジャークッキーが登場します。 ＊2 代表的な菓子パンのひとつで、日本で売られているものよりおいしいです。 ＊3 ルシア祭用のサフランパン。早いところでは、11月の終わり頃から焼き始めます。 ＊4 復活祭を表現したお菓子。 ＊5 誕生日はもちろん、お祝いごとなどがあるときに食べるケーキ。ピンク色のマジパンは operatårta (オペラトータ) といい、スポンジに塗られているジャムの味が違います。 ＊6 生地のなかにメレンゲを混ぜたケーキ。不思議な触感です。

44

ケーキ類

ナポレオンケーキ*1
napoleonbakelse
ナポレオンバーケルセ

クイーンケーキ
drottningbakelse
ドロットニングバーケルセ

ラズベリーケーキ(左)
hallonbakelse
ハーロンバーケルセ

ブルーベリーケーキ
blåbärbakelse
ブローベーンバーケルセ

生クリームケーキ
gräddbakelse
グレッドバーケルセ

ジャマイカケーキ
jamaicabakelse
ヤマイカバーケルセ

モカケーキ
moccabakelse
モッカバーケルセ

グスタフアドルフケーキ*2
Gustav Adolf bakelse
グスタフアドルフバーケルセ

アップルメレンゲケーキ
Äpplemärangkaka
エップルマレングカーカ

ワッフル
våffel
ヴォッフェル *3

セムラ
semla
セムラ *4

デニッシュセムラ
wienersemla
ヴィエネーセムラ

お茶しよう
Ska vi fika?
スカ ヴィ フィーカ

食事 / 文化 / 生物 / 家・人 / トラブル / その他

*1 中には、たっぷりしたホイップクリーム、そしてカスタードクリームとリンゴジャムがはさまっています。 *2 11月6日のGustav Adolfの誕生日にしか、店頭に並びません。 *3 3月下旬のワッフルデー「Våffeldagen」(ヴォッフェルダーゲン)が近づくと、お店に並びます。 *4 復活祭を迎える40日間の準備期間に食べられます。たっぷりしたホイップクリームの下には、アーモンドペーストが塗られています。この時期になると各新聞社は「どこのセムラがおいしいか」と特集を組むので、迷ったらスウェーデン人に聞いてみましょう。

映画・芸能・本 Bio・musik・bok
ビーオ・ムーシク・ブューク

好きな映画は何ですか？
Villken är din favoritfilm?
ヴィルケン エ ディン ファヴォリートフィルム

私は〜が好きです
Jag tycker om 〜.
ヤー ティッケル オム

コメディー映画	アクション映画
komedifilm	aktionfilm
コメディー フィルム	アクシューン フィルム

ホラー映画	ドキュメンタリー映画
skräckfilm	dokumentärfilm
スクレック フィルム	ドキュメンタール フィルム

スウェーデン映画	日本映画
svensk film	japansk film
スヴェンスク フィルム	ヤパンスク フィルム

好きな映画監督 または 俳優は誰ですか？
Vem är din favoritregissör eller favoritskådespelare?
ヴェム エ ディン ファヴォリート レィソール エッレル ファヴォリート スコードスペーラレ

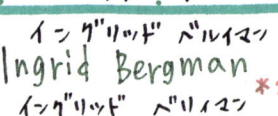

イングマール ベルイマン *1	イングリッド ベルイマン *2
Ingmar Bergman	Ingrid Bergman
イングマール ベリイマン	イングリッド ベリイマン

マックス・フォン・シドー *3	マウド アダムス *4	ヨハンナ ハルド *5
Max von Sydow	Maud Adams	Johanna Hald
マックス フォン シドー	マウド アダムス	ヨハンナ ハルド

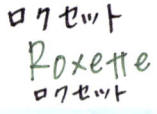

好きな歌手は誰ですか？
Vem är din favoritsångare?
ヴェム エ ディン ファヴォリート ソンガレ

アバ	ロクセット
ABBA	Roxette
アバ	ロクセット

メイヤ	ニーナ
Meja	Nina
メイヤ	ニーナ

ティティヨ	ケント
Titiyo	Kent
ティティヨ	ケント

*1 スウェーデン人映画監督の巨匠。 *2「カサブランカ」「秋のソナタ」など、数多くの作品に出演。 *3 スウェーデン映画史上最高傑作といわれている「第七の封印」や「処女の泉」、アメリカ映画では「エクソシスト」などに出演。 *4「007ゴールデンアイズ」に出演した元ボンドガール。 *5「ロッタちゃん はじめてのおつかい」の監督。

46

お気に入りの有名人はいますか？
Har du någon favoritkändis?
ハー　デュー　ノーゴン　ファボリート　シェンディス

Carl XVI Gustaf *1
カール　デン　セックストンデ　グスタフ

Drottning Silvia *2
ドロットニング　シルヴィア

Kronprinsessan Victoria *3
クローンプリンセッサン　ヴィクトリア

Kajsa Bergqvist *4
カイサ　ベリィクヴィスト

Bengt Magnusson *5
ベングト　マグヌスソン

Kristian Luuk *6
クリスティアン　ルーク

Tina Nordström *7
ティーナ　ノードストロム

Lasse Kronérs *8
ラッセ　クロネシュ

好きな作家は誰ですか？
Vem är din favoritförfattare?
ヴェム　エ　ディン　ファボリート　フォーファッタレ

Astrid Lindgren *9
アストリッド　リンドグレーン

Selma Lagerlöf
セルマ　ラーゲロフ

August Strindberg
アウグスト　ストリンドベリィ

好きな童話は何ですか？
Vilken är din favoritbarnbok?
ヴィルケン　エ　ディン　ファヴォリート　バーンブーク

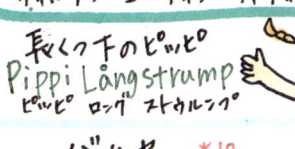

Pippi Långstrump 長くつ下のピッピ
ピッピ　ロング　ストルンプ

Lotta flyttar hemifrån ロッタちゃん はじめてのおつかい
ロッタ　フリッタル　ヘーミフロン

Bamse *10
バムセ

Pettson *11
ペットソン

映画・芸能・本

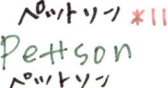

文化 / 生物 / 家人 / トラブル / その他

＊1　スウェーデン国王、カール・グスタフ16世。＊2　スウェーデン国王の妻、シルヴィア王妃。＊3　スウェーデン王国の後継者、ヴィクトリア王女。＊4　棒高跳びの選手。＊5　TV4の有名なニュースキャスター。＊6　司会者。＊7　スコーネ弁を話す料理家。＊8　司会者。＊9　言わずと知れた児童文学の女性作家。スモーランド生まれ。「長くつ下のピッピ」「やかまし村のこどもたち」「ロッタちゃん」など、世界中の子供たちに愛される物語をたくさん残してくれました。＊10　Runa Andréasson（ルーナ アンドレアソン）の漫画で、1966年にコミック本として描かれるようになりました。11カ国以上の国で翻訳されています。＊11　Sven Nordqvist（スヴェン ノードクヴィスト）のほのぼのした作品です。

スポーツ Sport
スポーツ

何のスポーツをしますか？
Vilken sport spelar du?
ヴィルケン スポート スペーラー デュー

何のスポーツがあなたの国では一番人気なの？
Vilken är den populäraste sporten i ditt land?
ヴィルケン エ デン ポピュラーステ スポーテン イ ディット ランド

サッカー fotboll フットボール	アイスホッケー*1 hockey ホッケー	インドアホッケー*2 innebandy インネバンディ	野球 baseboll バーセボール
ハンドボール handboll ハンドボール	バスケットボール basketboll バスケットボール	スキー skidåkning フィードオークニング	クロスカントリー terränglopp テーレングロップ
スキージャンプ backhoppning バックホッピング	スノーボード snowbordåkning スノーボードオークニング	水泳 simning シムニング	ゴルフ golf ゴルフ
卓球 bordtennis ボードテニス	柔道 judo ユードー	テニス tennis テニス	バレーボール volleyboll ボレーボール

試合 match マッチ	勝利 seger セーゲル	敗北 nederlag ネーデルラーグ	引き分け oavgjort オーアヴヨルト

頑張れ！（試合前）
Lycka till !
リッカ ティル

スウェーデン頑張れ！（ゴーゴー）
Heja Sverige !
ヘイヤ スヴァーリエ

48
*1 スウェーデンで一番人気があるスポーツです。
*2 体育館などの室内で競技するホッケー。スウェーデン人でやったことがない人はいない、と言われるくらい普及しています。

あいさつ｜移動｜数字・買物｜時間｜食事｜文化

Sport

サッカーチーム Fotbollslag フットボールラーグ

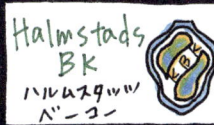

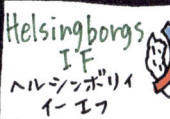

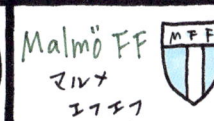

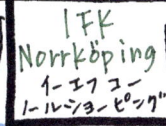

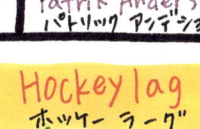

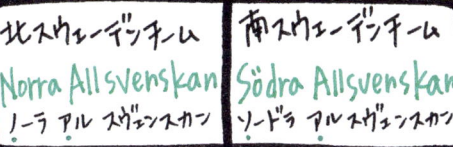

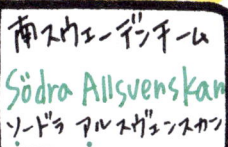

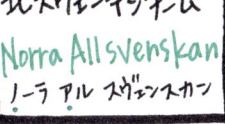

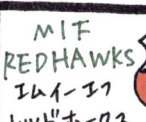

AIK アーイーコー	Djurgårdens IF ユールゴーデンス イーエフ	IF Elfsborg イーエフ エルフスボリィ	IFK Göteborg イーエフコー ヨーテボリィ
Halmstads BK ハルムスタッツ ベーコー	Hammarby IF ハンマービー イーエフ	Helsingborgs IF ヘルシンボリィ イーエフ	Kalmar FF カルマル エフエフ
Landskrona BOIS ランドスクローナ ベーオーイーエス	Malmö FF マルメ エフエフ	IFK Norrköping イーエフコー ノルショーピング	GIF Sundsvall ゲーイーエフ スンズヴァル
有名選手 känd spelare シェンド スペーラレ		Örebro SK オーレブロー エスコー	Örgryte IS オーグリーテ イーエス
Henrik Larsson ヘンリク ラーション	Patrik Andersson パトリック アンデション	Anders Svensson アンデシュ スヴェンソン	Olof Mellberg オーロフ メルベリィ

ホッケーチーム Hockeylag ホッケー ラーグ

北スウェーデンチーム Norra Allsvenskan ノーラ アル スヴェンスカン	南スウェーデンチーム Södra Allsvenskan ソードラ アルスヴェンスカン
Vaxjo Lakers (ベクショー ベクフー レイカーズ)	Leksand レクサンド
NH 90 エヌ ホー ニッティ(オ)	MIF REDHAWKS エムイーエフ レッドホークス

ゴール mål モール	点 poäng ポエン	Aチーム(一軍) A-lag アー ラーグ	Bチーム(二軍) B-lag ベー ラーグ

スポーツ

文化 / 生物 / 家人 / トラブル / その他

＊ ホッケー観戦は冬シーズンのみ。チケット代はかなり格安です。

日本の文化 Japansk kultur
ヤパンスク クルテユール

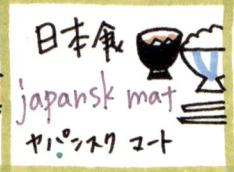

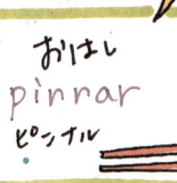

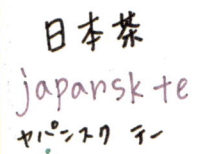

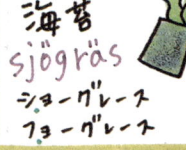

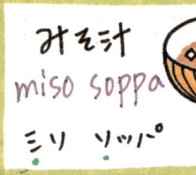

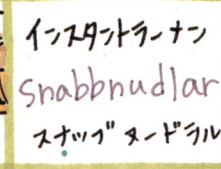

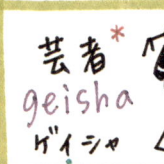

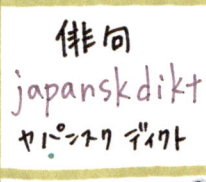

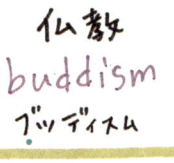

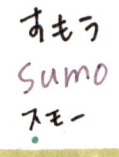

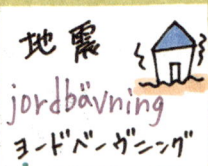

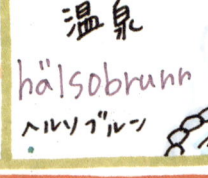

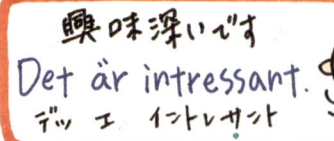

〜を知っていますか？	〜が好きですか？
Vet du om 〜?	Tycker du om 〜?
ヴィエット デュー オム	ティッケル デュー オム

〜はスウェーデンにありますか？	はい	いいえ	知らない
Har du 〜 i Sverige?	Ja.	Nej.	Jag vet inte.
ハー デュー イ スヴァーリエ	ヤー	ネイ	ヤー ヴィエット インテ

〜はスウェーデンで有名です
〜är {känd(両性名詞) / känt(中性名詞)} i Sverige.
エ シェンド シェント イ スヴァーリエ

すし sushi スシ	日本酒 sake サケ	日本食 japansk mat ヤパンスク マート	おはし pinnar ピンナル
日本茶 japansk te ヤパンスク テー	海苔 sjögräs ショーグレース フョーグレース	みそ汁 miso soppa ミソ ソッパ	インスタントラーメン snabbnudlar スナップ ヌードラル
着物 kimono キモノ	芸者* geisha ゲイシャ	柔道 judo ユードー	お寺 tempel テンペル
神社 helgedom ヘリエドム	俳句 japansk dikt ヤパンスク ディクト	仏教 buddism ブッディスム	すもう sumo スモー
原爆 atombomb アトムボンブ	火山 vulkan ヴルカン	地震 jordbävning ヨードベヴニング	温泉 hälsobrunn ヘルソブルン

興味深いです	日本に行ったことはありますか？
Det är intressant.	Har du varit i Japan?
デッ エ イントレサント	ハー デュー ヴァーリット イ ヤーパン

50　＊フィンランド製ですが、Fazer社の「Geisha」というチョコレートをスーパーで買えます。ちなみにKina(シーナ)というチョコレートもこの会社から。「中国」という意味です。

テレビドラマ	日本映画 *	黒澤 明
tv-dramaserie	japansk film	Akira Kurosawa
テーヴェードラマセーリエ	ヤパンスク フィルム	アキラ クロサワ
三船 敏郎	七人の侍	将軍
Toshiro Mifune	De sju samurajerna	shogun
トシロー ミフネ	ドム {シュ/フェン} サムライエナ	ショーグン
日本の天皇	日本の皇后	総理大臣
japanske kejsaren	japanska kejsarinnan	ministär
ヤパンスケ シェイサレン	ヤパンスカ シェイサリンナン	ミンスタール

日本語	ひらがな	カタカナ	漢字
japanska	hiragana	katakana	kanji
ヤパンスカ	ヒラガナ	カタカナ	カンジ

君の名前を日本語で書きましょうか？
Vill du att jag ska skriva ditt namn på japanska?
ヴィル デュー アット ヤー スカ スクリーヴァ ディット ナムン ポー ヤパンスカ

日本の文化

富士山	新幹線	東京タワー
berg Fuji	shinkansen	Tokyo tornet
ベリィ フジ	シンカンセン	トキョー トーネット
ラッシュアワー	日本車	トヨタ
rusningstid	japansk bil	Toyota
ルスニングスティード	ヤパンスク ビル	トヨタ
スズキ	ニッサン	ホンダ
Suzuki	Nissan	Honda
スズキ	ニッサン	ホンダ

日本映画で何が好きですか？
Vilken är din favorita japanska film?
ヴィルケン エ ディン ファヴォリータ ヤパンスカ フィルム

文化 | 生物 | 家・人 | トラブル | その他

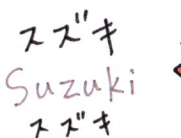

＊ 日本映画はスウェーデンの映画館ではほとんど上映されていません。

地図と出身地 Karta och ort
カーッタ オック オート

どの地方の出身ですか？ *
Vilket distrikt kommer du från?
ヴィルケット　ディストリクト　コンメル　デュー　フロン

あいさつ | 移動 | 数字・買物 | 時間 | 食事 | 文化

Karta och ort

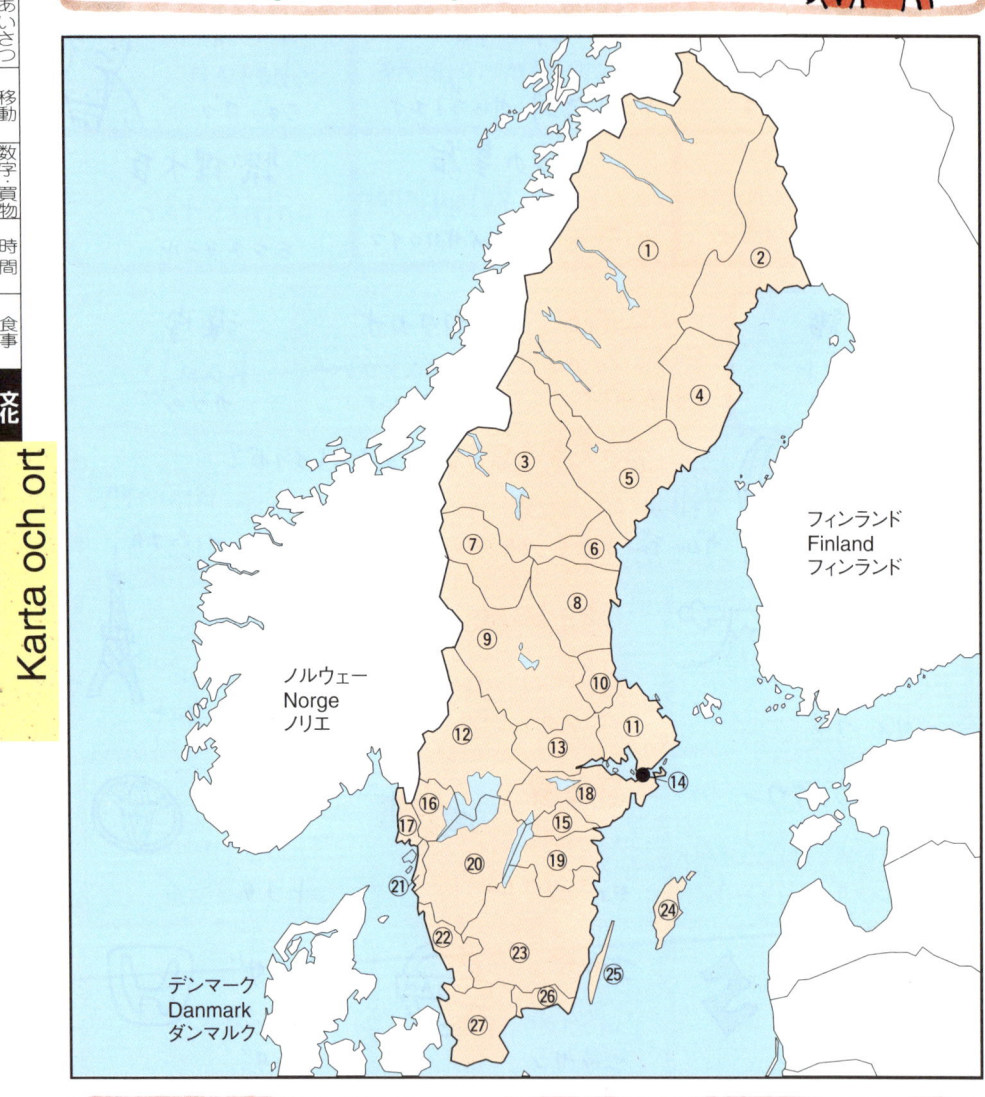

ノルウェー
Norge
ノリエ

フィンランド
Finland
フィンランド

デンマーク
Danmark
ダンマルク

〜へ行ったことはありますか？
Har du varit i 〜?
ハー　デュー　ヴァーリット　イ

はい、1回だけ
Ja, bara en gång
ヤー　バーラ　エン　ゴング

* 日本よりも方言色は強く、地域によっては名詞の単数・複数変化が異なったりします。

#		#	
1	ラップランド Lappland	15	ナルケ Närke
2	ノールボッテン Norrbotten	16	ダールスランド Dalsland
3	イェムトランド Jämtland	17	ボーフス Bohus
4	ヴェステルボッテン Västerbotten	18	ソーデルマンランド Södermanland
5	オンゲルマンランド Ångermanland	19	オステルヨートランド Östergötland
6	メーデルパッド Medelpad	20	ヴェステルヨートランド Västergötland
7	ヤーリエダーレン Härjedalen	21	ヨーテボリ Göteborg
8	ヘルシングランド Hälsingland	22	ハーランド Halland
9	ダーラナ Dalarna	23	スモーランド *2 Småland
10	イエストリークランド Gästrikland	24	ゴットランド *3 Gotland
11	ウップランド *1 Uppland	25	オーランド Öland
12	ヴァームランド Värmland	26	ブレーキンゲ Blekinge
13	ヴェストマンランド Västmanland	27	スコーネ Skåne
14	ストックホルム Stockholm		

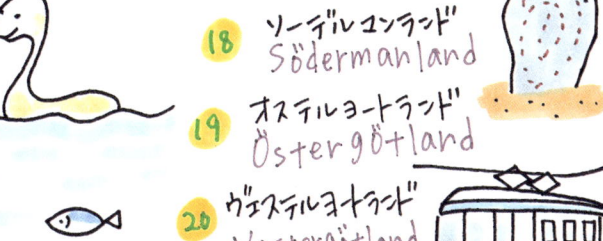

地図と出身地

文化 | 生物 | 家・人 | トラブル | その他

*1 イングマール ベルイマンIngmar Bergmanの出身地。 *2 アストリッド リンドグレーンAstrid Lindgrenの出身地。その Vimmerby(ヴィンメルビィ)には、彼女のテーマパーク、Astrids Lindgrens Världがあります。 *3 ゴットランドでは毎年8月に中世週間Medeltidsveckan(メーデルティードスヴェッカン)というビックイベントがあり、中世時代の雰囲気を味わうことがあります。

53

生き物 Däggdjur och insekt
デッグユール オック インセクト

私は〜が好きです Jag tycker om ～. ヤー ティッケル オム	私も *1 Jag också. ヤー オクソ	かわいー söt ソート
私は〜が嫌いです Jag tycker inte om ～. ヤー ティッケル インテ オム	私も Inte jag heller. インテ ヤー ヘッテル	気持ち悪い äcklig エックリグ

犬 hund フンド	猫 katt カット	ねずみ mus ムース	うさぎ kanin カニーン
馬 *2 häst ヘスト	鳥 fågel フォーゲル	猿 apa アーパ	アヒル anka アンカ
コウモリ fladdermus フラッデルムース	ツバメ svala スヴァーラ	ブタ gris グリース	鹿 rådjur ローユール
モルモット marsvin マースヴィーン	ハト duva デューヴァ	大角鹿 älg エリィ	熊 björn ビヨルン
キツネ räv レーヴ	象 elefant エレファント	トラ tiger ティーゲル	ライオン lejon レーヨン
カラス kråka クローカ	モグラ mullvad ムッラヴァード	リス ekorre エコーレ	ハリネズミ igelkott イーゲルコット

*1 「Jag med」(ヤー メッド) も同じ意味です。
*2 スウェーデンでとても愛されている動物のひとつです。

この動物はスウェーデン語では何というのですか？ *1
Vad heter det djuret på svenska?
ヴァ ヘーテル デッ ユーレット ポー スヴェンスカ

これは 〜 といいます
Det heter 〜.
デッ ヘーテル

生き物

カエル	ガマガエル	カタツムリ	ナメクジ
groda グローダ	padda パッダ	snigel スニーゲル	snigel utan snäcka スニーゲル ウータン スネッカ
クモ	ミミズ	ハチ	アリ
spindel スピンデル	daggmask ダッグマスク	bi ビー	myra ミーラ
蚊	ハエ	チョウ	ゴキブリ
mygga ミッガ	fluga フルーガ	fjäril フィアーリル	kackerlacka カッケル ラッカ
昆虫	イルカ	クジラ	魚
insekt インセクト	delfin デルフィーン	val ヴァール	fisk フィスク
花	木	草	葉
blomma ブロンマ	trä トレー	gräs グレース	löv ロング
池	湖	森 *2	山
damn ダムン	sjö ショー／フョー	skog スコーグ	berg ベリィ

*1 Vad kallas det djuret på svenska? 「ヴァッ カッラス デッ ユーレット ポースヴェンスカ？」という言いかたもあります。
*2 夏に森へ入るときは、虫除けクリームが必要です。

植物 Växt
ヴェクスト

木 trä トレー	やぶ buske ブスケ	コケ mossa モッサ
花 blomma ブロンマ	ベリー bär バー	芝生 gräsmatta グレースマッタ

松の木 tall タール	白樺 björk ビヨルク	かしの木 ek エーク	松ぼっくり kotte コッテ
どんぐり ekollon エコローン	切り株 stubbe ステュッベ	木の幹 stam スタム	枝 gren グレーン
とねりこの木 ask アスク	栗の木 kastanj *1 カスターニ	ななかまど rönn ロン	ねこやなぎ sälg セーリィ
プラム plommon プロンモン	こけもも lingon リンゴン	さくらんぼ körsbär ショーシュバー	ブルーベリー blåbär ブローバー
野バラの実 nypon ニーポン	あかすぐり vinbär ヴィーンバー	すぐりの実 krusbär クルースバー	ラズベリー hallon ハーロン
クランベリー hjortron ヒョートロン	野いちご smultron スムルトロン	ルバーブ *2 rabarber ラバーベル	りんご äpple エッブレ

*1 スウェーデンの栗は食べられません。
*2 ジャムやパイに最適です。

何の花が好きですか？
Vilken är din favorit blomma?
ヴィルケン エ ディン ファヴォリート ブロンマ

スウェーデンでキノコ狩りをしたことがありますか？
Har du plockat svampar i Sverige?
ハー デュ プロッカト スヴァンパル イ スヴァーリエ

日本語	スウェーデン語	カタカナ
キノコ	svamp	スヴァンプ
あんずだけ	kantarell	カンタレール
ハラタケ	flug svamp	フルーグ スヴァンプ
スハマリソウ	blåsippa	ブローシッパ
キバナノクリンザクラ	gullviva	グルヴィーヴァ
スズラン	liljekonvalj	リーリヤコンヴァリ
アネモネ	vitsippa	ヴィート シッパ
フランスギク	prästkrage	プレストクラーゲ
ヤグルマギク	blåklint	ブロークリント
スミレ	viol	ビオール
アザミ	tistel	ティステル
マリーゴールド	ringblomma	リングブロンマ
シャクヤク	pion	ピオーン
バラ	ros	ロース
カーネーション	nejlika	ネイリカ
エゾギク	aster	アステル
クロッカス	krokus	クロークス
チューリップ	tulpan	テューールパン
水仙	pingstlilja	ピングストリーリヤ
ラッパ水仙	påsklilja	ポスクリーリヤ＊
ユリ	lilja	リーリヤ
スイレン	näckros	ネックロース
タンポポ	maskros	マースクロース
フキタンポポ	tussilago	テュッシラーゴ

植物

生物／家人／トラブル／その他

＊ 復活祭が近づくと、花屋や市場で見ることができます。

家 Hus
ヒュース

- 居間 **vardagsrum** ヴァールダーグスルム
- 本棚 **bokhylla** ブークヒーラ
- ドア **dörr** ドー
- ポスター **affisch** アフィッシュ
- テレビ **TV** テーヴェー
- ソファー **soffa** ソッファ
- ラジエーター **element** エレメント
- テーブル **bord** ボード
- カウチ **fåtölj** フォテリ
- マット **matta** マッタ

家 **hus** ヒュース	部屋 **rum** ルム	アパート **lägenhet** レーゲンヘート
学生寮* **studentrum** ステュデントルム	エレベーター **hiss** ヒス	階段 **trappa** トラッパ
洗濯室 **tvättstuga** トヴェットステューガ	バルコニー **balkong** バルコン	ベランダ **veranda** ヴェランダ
郵便受け **brevlåda** ブレーヴローダ	自転車置き場 **cykelparkering** シックル パルケーリング	駐車場 **P-plats** ペー プラッツ

58　＊ 同じ階の学生寮の友達を、korridorkompis（コリドーコンピス）と言います。

あいさつ／移動／数字・買物／時間／食事／文化／生物／家・人　Hus

- 台所 **kök** ショーク
- 電子レンジ **mikrovågsugn** ミクロヴォーグスウグン
- 冷蔵庫 **kylskåp** シールスコープ
- ランプ **lampa** ランパ
- 冷凍庫 **frys** フリース
- コンロ **spis** スピース
- 椅子 **stol** ストール
- 寝室 **sovrum** ソーヴルム
- カーテン **gardin** ガーディーン
- 窓 **fönster** フェンステル
- バスルーム棚 **badrumsskåp** バードルムスコープ
- ベッド **säng** セング
- 枕 **huvudkudde** ヒューヴドグッデ
- タオル **handduk** ハンドデューク
- トイレ **toalett** トアレット
- タオル *1 **handduk** ハンドデューク
- ろうそく *2 **ljus** ユース
- **varmeljus** ヴァルメユース
- 風呂おけ **badkar** バードカル

家

家・人 ｜ トラブル ｜ その他

*1 スウェーデンで売られているタオルのほとんどには、フックにひっかけられるように、上下にヒモがついています。
*2 小さいろうそくは、パーティーやイベントではもちろん、日常的によく使われています。

家族・友だち Familj・kompis
ファミリ・コンピス

家族 familj ファミリイ	親 förälder フェエルドレ	両親 föräldran フェエルドラル	父 far ファル
母 mor モル	兄 storebror ストーレブロー	弟 lillebror リッレブロー	姉 storasyster ストーラシステル
妹 lillasyster リッラ システル	夫 man マン	妻*1 hustru ヒュストゥルー	おじいちゃん 父方 farfar ファルファル / 母方 morfar モルファル
おばあちゃん 父方 farmor ファルモル / 母方 mormor モルモル	息子 son ソーン	娘 dotter ドッテル	おじさん 父方 farbror ファルブロー / 母方 morbror モルブロー
おばさん 父方 faster ファステル / 母方 moster モステル	子供 barn バーン	赤ちゃん baby ベービィ	親類 släktning スレクトニング
いとこ kusin クシーン	甥 兄弟方の brorson ブローソーン / 姉妹方の systerson システルソーン	姪 兄弟方の brordotter ブロードッテル / 姉妹方の systerdotter システルドッテル	孫*2 barnbarn バーン バーン

兄弟(姉妹)はいますか?
Har du syskon?
ハー デュー シスコーン

子供はいますか?
Har du barn?
ハー デュー バーン

私には兄が1人、妹が2人います
Jag har en storebror och två lillasystrar.
ヤー ハー エン ストーレブロー オック トゥゴー リッラシストラル

つまり私には3人の兄妹がいます(=4人兄妹です)
Nämligen har jag tre syskon.
ネームリゲン ハー ヤー トレー シスコーン

*1 fru(フルー)も同じ意味です。
*2 ひ孫はbarnbarnbarn(バーンバーンバーン)。

私	君	あなた(たち)	彼	彼女	私達	君達
jag	du	ni	han	hon	vi	ni
ヤー	デュー	ニー	ハン	フン	ヴィ	ニー

私のボーイフレンド
min pojkvän
ミン ポイクヴェン

僕のガールフレンド
min flickvän
ミン フリックヴェン

私の同棲者
min sambo
ミン サンボー

婚約者(男)
fästman
フェストマン

婚約者(女)
fästmö
フェストモー

私の親友
min bästis
ミン ベスティス

私の元彼
min före detta pojkvän
ミン フォーレ デッタ ポイクヴェン

僕の元彼女
min före detta flickvän
ミン フォーレ デッタ フリックヴェン

私と一緒にでかけませんか?
Ska vi gå ut tillsammans?
スカ ヴィ ゴー ウート ティルサマンス

彼女はいるのですか?
Har du en flickvän?
ハー デュー エン フリックヴェン

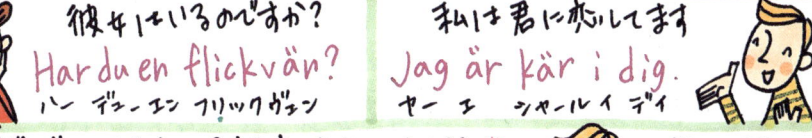

私は君に恋してます
Jag är kär i dig.
ヤー エ シャール イ デイ

冗談でしょう?(=冗談言っちゃって、もう!)*
Du skojar.
デュー スコイヤル

～とつきあう
är ihop med ～
エ イホップ メッド

～と性関係を持つ
ligger med ～
リッゲル メッド

(私が)～と結婚する
giftar mig med ～
ギフター メイ メッド

(私が)～と離婚する
skiljer mig från ～
フィリヤー メイ フロン

私は独身です
Jag är singel.
ヤー エ シンゲル

私は既婚者です
Jag är gift.
ヤー エ ギフト

家族・友だち

家人 | トラブル | その他

* 「冗談だよ」と言うときには「Jag skojar」(ヤー スコイヤル)、「Jag skämtar」(ヤー フェムタル)。

恋愛・結婚 Kärlek・bröllop
シャーレク・ブローロップ

ガールフレンド/ボーイフレンドはいるの?
Har du en { flickvän (GF)? / pojkvän (BF)? }
ハーデューエン　フリックヴェン　ポイクヴェン

いる
Ja.
ヤー

今はいない
Nej, inte nu.
ネイ　インテヌー

君のことが気にいったよ
Jag gillar dig.
ヤー　ギッラル　ディ

愛してるよ
Jag älskar dig.
ヤー　エルスカル　ディ

僕のこと好き?
Tycker du om mig?
ティッケル　デュー　オム　メイ

君に興味がある
Jag är intresserad av dig.
ヤー　エー　イントレッセーラド　アヴ　ディ

君と〜したい
Jag vill 〜 med dig.
ヤー　ヴィル　メッド　ディ

いつかお茶しない?
Ska vi fika någon gång?
スカ　ヴィ　フィーカ　ノン　ゴン

〜とつきあう
är ihop med 〜
エ　イホップ　メッド

〜とエッチする
ligger med
リッゲル　メッド

〜に恋する
är kär i 〜
エ　シャール　イ

キスする
kyssar
シュッサル

結婚する
giftar sig med 〜
ギフタル　セイ　メッド

| 愛人 älskare エルスカレ | ラブレター kärleksbrev シャーレクスブレーヴ | キス kyss シュス  |

| 避妊 födelsekontroll フェーデルセコントロール | 妊娠した är gravid エ　グラーヴィド |

62　＊ min tjej (ミン シェイ) や min kille (ミン キッレ) という言いかたをすると、「僕の彼女」「私の彼」という意味になります。

※ スウェーデンの結婚式を祝う行事 ※ *1

男だけの宴会 svensexa スヴェンセクサ（男性）

女だけの宴会 möhippa モーヒッパ（女性）

- 結婚式 bröllop ブローロップ
- 結婚指輪 vigselring ヴィグセルリング
- 介添人 brundtärna ブルンドターナ
- 司祭 präst プレスト
- ブーケ bukett ブケット
- 花婿 brundgum ブルンドグム
- 花嫁 brudgum ブルードグム

ずーっと愛してるよ
Jag älskar dig för alltid.
ヤー エルスカル ディ フォー アルティド

- ケンカ bråk ブローク
- 浮気 kärleksaffär シャーレクス アフェール
- 離婚 *2 skilsmässa フィルスメッサ

恋愛・結婚

家人 / トラブル / その他

*1 街中で照れながら変わった格好をした人がいたら、要チェックです。
*2 スウェーデンの離婚率は65%〜70%もあります。

人の性格 Karaktär
カラクテー

彼/彼女のことをどう思う？	彼/彼女は〜だ
Vad tycker du om honom/henne?	Han / Hon är 〜.
ヴァッティッケル デューオム ホノム / ヘンネ	ハン / フン エ

日本語	スウェーデン語	カナ
いい	god	グード
悪い	dålig	ドーリグ
正直な	ärlig	アーリグ
うそつきもの	lögnare	ローグナレ
かしこい	klok	クローク
バカな	dum	デュム
無口な	tyst	ティスト
おしゃべりな	pratsam	プラトサム
働き者な	arbetsam	アルベートサム
怠け者な	lat	ラート
勇敢な	modig	モーディグ
臆病な	feg	フェーグ
親切な	snäll	スネル
不親切な	taskig	タスキグ
＊シャイな	blyg	ブリーグ
明るい	trevlig	トレーヴリグ
ガンコな	envis	エンヴィス
フレンドリーな	vänlig	ヴェンリグ
上品な	elegant	エレガント
下品な	vulgär	ヴルヤル

＊ スウェーデン人の多くは、ふだんはシャイ＝blyg（ブリーグ）ですが、お酒が入るとtrevlig（トレーヴリグ）になります。

君は～だ
Du är ～.
デュ エ

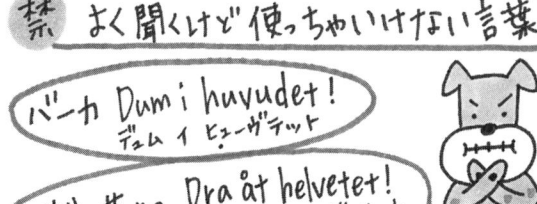

君は～じゃない
Du är inte ～.
デュ エ インテ

綺麗な vacker ヴァッケル	かわいい snygg スニッグ / söt ソート	かっこいい snygg スニッグ / gullig グッリグ	変な konstig コンスティグ
太った tjock ショック	やせた smal スマール	気前のいい generös ゲネロース	ケチな snål スノール

私はとっても～だ
Jag är mycket ～.
ヤー エ ミュッケ

興奮した upphetsad ウップヘトサド	怒った arg アリィ	悲しい ledsen レーセン	嬉しい glad グラード
疲れた trött トロット	幸せな lycklig リックリグ	不幸せな olycklig オーリックリグ	感動した rörd ロード

人の性格

家人 | トラブル | その他

禁 よく聞くけど使っちゃいけない言葉

バーカ Dum i huvudet!
デュム イ ヒューヴァデット

地獄へ落ちろ Dra åt helvetet!
ドラー オート ヘルヴェテート

チクショー Jävlar! ヤーヴラー

クソ! Fan! ファーン

クソ! Skit! フィート

クソ! Sjutton också! フットン オクソ

＊ かわいい人のことをsnygging(スニッギング)、おでぶさんをtjockis(ショッキス)と言います。

※ かわいい人のことをsnygging (スニッギング)、おでぶさんをtjockis (ショッキス) と言います。

カゼ・体 Förkylning・människokroppen
フォーシールニング・メニヒョークロッペン

具合が悪いです ＊	風邪をひいています
Jag mår illa. ヤー モー イッラ	Jag är förkyld. ヤー エ フェシールド
熱があります	頭が痛いです
Jag har feber. ヤー ハン フェーベル	Jag har ont i huvudet. ヤー ハン オント イ ヒューザデット
痛い！（急激な痛み）	どこが痛いのですか？
Aj! アイ	Var har du ont? ヴァール ハー デュー オント

頭痛	歯痛	腹痛	生理痛
huvudvärk ヒューヴドヴァルク	tandvärk タンド ヴァルク	ont i magen オント イ マーゲン	mensvärk メンス ヴァルク
消化不良	下痢	便秘	やけど
magbesvär マーグベスヴァー	diarré ディアレ	förstoppning フォーストップニング	brännskada ブレンスカーダ
二日酔い	じんましん		吐き気
baksmälla バークスマッラ	nässelfeber ネッセルフェーベル		kväljning クヴェリニング
はれている	出血している	かゆいです	咳
svullen スヴーレン	Det blöder. デッ ブローデル	Det kliar. デッ クリーアル	hosta ホスタ

医者を呼んでください	お医者さんに連れていってくれませんか？
Ring efter läkare! リング エフテル レーカレ	Kan du ta mig till en läkare? カン デュー ター ナイ ティル エン レーカレ
もう薬は飲みました	お大事に！
Jag har redan tagit en tablett. ヤー ハン レーダン ターギット エン タブレット	Krya på dig! クリア ポー ディ

＊ Jag mår dåligt（ヤー モー ドーリクト）も同じ意味です。

日本語	Svenska	カタカナ
薬局 *1	apotek	アポテーク
頭痛薬 *2	huvudvärkstablett	ヒュヴドバルクスタブレット
トローチ	halstablett	ハルスタブレット
咳止め	hostmedicin	ホストメディシーン
睡眠薬	sömntablett	ソムンタブレット
髪	hår	ホール
額	panna	パンナ
目	öga	オーガ
耳	öra	オーラ
口	mun	ムン
舌	tunga	テュンガ
歯	tand	タンド
歯ぐき	tandkött	タンドショット
肩	axel	アクセル
胸	bröst	ブロスト
乳首	nippel	ニッペル
おなか	mage	マーゲ
へそ	navel	ナーベル
お尻	stjärt	シャルト／フャルト
肛門	anus	アヌース
性器	könsorgan	ショーンスオルガン
筋肉	muskel	ムスケル
頭	huvud	ヒューヴド
顔	ansikte	アンシクテ
男性器	penis	ペニス
女性器	vagina	ヴァギナ
神経	nerv	ネルヴ
骨	ben	ベーン
ほっぺた	kind	チンド
鼻	näsa	ネーサ
首	nacke	ナック
のど	hals	ハルス
手	hand	ハンド
手首	handled	ハンドレード
指	finger	フィンゲル
つめ	nagel	ナーゲル
腕	arm	アルム
ひじ	armbåge	アルムボーゲ
脚	ben	ベーン
太もも	lår	ロー
ふくらはぎ	vad	ヴァード
ひざ	knä	クネー
足	fot	フート
足首	vrist	ヴリスト
かかと	häl	ヘール

カゼ・体

トラブル／その他

*1 薬局で売られている化粧水類は、けっこうお薦めです。
*2 ちょっとした薬は薬局で買えますが、それ以外は処方箋がないと買えません。

病院・内臓 Sjukhus・inre organ
ヒュークヒュース・インレ オーガン

日本語	スウェーデン語	カタカナ
調子はどうですか？	Hur känns det?	ヒュール シェンス デ
具合が悪いです	Jag mår illa.	ヤー モー イッラ
病院	sjukhus	シュークヒュース / フュークヒュース ＊
医者	läkare	レーカレ
看護婦	sjuksköterska	シュークショーテルシュカ / フュークショーテルシュカ
往診	sjukbesök	シュークベソーク / フュークベソーク
注射	spruta	スプルータ
点滴	dropp	ドロップ
手術	operation	オペラシオーン / オペラシューン
肺炎	lunginflammation	ルングインフラマション / インフラマツーン
盲腸炎	blindtarmsinflammation	ブリンドタルムス インフラマション / インフラマツーン
性病	sexuellt överförd sjukdom	セクシェルト エーヴェルフォード シュークドーム / フュークドーム
インフルエンザ	influensa	インフルーエンザ
ガン	cancer	キャンセル
ぜんそく	astma	アストマ
エイズ	HIV	ホーイーヴェー
痔	hemorrojder	ヘモロイデル
便秘	förstoppning	フォーストップニング
中毒	förgiftning	フォージフトニング

Sjukhus・inre organ

日本語	スウェーデン語	カタカナ
血液型	blodgrupp	ブロードグルップ
気管支	luftstrupe	ルフトストルーペ
心臓	hjärta	ヤータ
肺	lung	ルング
胃	mage	マーゲ
腸	tarm	タルム
肝臓	lever	レーヴェル
大腸	tjocktarm	ショックタルム
小腸	tunntarm	テュンタルム
膀胱	urinblåsa	ウーリンブローサ

(68) ＊スウェーデンの病院事情はかなりよくないので、そのことを念頭に置きながら自分の健康管理を行ってください。

調子がすぐれません
Jag mår inte bra.
ヤー モー インテ ブラー

日本語のできる先生はいますか？
Finns det en läkare som kan japanska?
フィンス デッ エン レーカン ソム カン ヤパンスカ

旅行を続けるのは可能ですか？
Är det möjligt att fortsätta resan?
エ デッ ミョイリグト アット フォーセッタ レーサン

内科医	外科医	歯科医 ＊	婦人科医
läkare	kirurg	tandläkare	gynecologist
レーカン	シルーグ	タンド レーカン	イーネコロジスト

食欲がありません
Jag har ingen aptit.
ヤー ハン インゲン アプティート

詰め物が取れちゃいました
En plomb har lossat.
エン プロンブ ハン ロッサート

私は動物アレルギーです
Jag är allergisk mot djur.
ヤー エ アレルジスク モート ユール

私は妊娠しています
Jag är gravid.
ヤー エ グラーヴィド

救急車	ねんざ	骨折	火傷
ambulans	vrickning	benbrott	brännskada
アンブランス	ヴリックニング	ベーンブロット	ブレンスカーダ

便	尿検査	水薬	錠剤
bajs	urinprov	droppe	tablett
バイス	ウーリンプロンブ	ドロッペ	タブレット
尿		バンソウコウ	軟こう
urin		plåster	salva
ウーリン		プロスタル	サルガ

病院・内臓

トラブル その他

＊ スウェーデンは歯科技術が進んでいるらしく、留学する日本の歯科医師はかなりいます。

トラブル Trubbel
トルッベル

〜が動かない 〜 fungerar inte. フンゲーラル インテ	シャワー dusch デュッシュ/デュッシ	トイレ toalett トアレット

電話 telefon テレフォーン	ラジオ radio ラーディオ	テレビ TV テーヴェー	暖房(エレメント)* element エレメント

部屋に〜がない
Det finns inte 〜 i rummet.
デッ フィンス インテ　　　イ ルンメット

タオル handduk ハンドデューク	石けん tvål トヴォール	トイレットペーパー toalettpapper トアレット パッペル	シーツ lakan ラーカン

お湯が出ません
Det kommer inget varmt vatten.
デッ コンメル インゲット ヴァルムト ヴァッテン

トイレがつまっています
Det är stopp i toaletten.
デッ エ ストップ イ トアレッテン

明かりがつかない/消えない
Jag kan inte tända/släcka ljuset.
ヤー カン インテ テンダ スレッカ ユーセット

ドアが開かない/閉まらない
Jag kan inte öppna/stänga dörren.
ヤー カン インテ オプナ スタンガ ドーレン

窓が開かない/閉まらない
Jag kan inte öppna/stänga fönstret.
ヤー カン インテ オプナ スタンガ フェンストレット

鍵を部屋に忘れました
Jag glömde min nyckel i rummet.
ヤー グロムデ ミン ニッケル イ ルンメット

＊ 寒いシーズンに大活躍。これのおかげで、建物や部屋のなかは24時間温かい状態が保たれているのです。

トラブル

待って！ Vänta! ヴェンタ	助けてー！ Hjälp! イェルプ	やめて！ Sluta! スルータ
やめて！（傷つけないで） Gör mig inte illa! ヨール メイ インテ イッラ	消えうせろ！ Försvinn! フォーシュヴィン	

私の〇〇が〜
- Min（両性）ミン
- Mitt（中性）ミット
- Mina（複数）ミーナ

〇〇 är 〜 エ

| 盗まれた ＊
stulen - stulet - stulna
スチューレン スチューレット スチュールナ |
| 消えた
försvunnen - försvunnet - försvunna
フォーシュヴンネン フォーシュヴンネット フォーシュヴンナ |

お金（pl） pengar ペンガル	財布（en） plånbok プローンブック	パスポート（ett） pass パス	カバン väska ヴェスカ
荷物（ett） bagage バガーシュ	クレジットカード（ett） kreditkort クレディット コート	航空券（en） flygbiljett フリーグビリエット	カメラ（en） kamera カメラ

私は Jag ヤー	強盗にあった plundrades プルンドラーデス	襲われた anhölls アンホールス
殴られた slogs スロッグス	サギにあった bedrogs ベドロッグス	レイプされた våldtogs ヴォールドトーグス

〜を呼んでください！ Ring efter 〜！ リング エフテル		警察 polis ポリース
医者 läkare レーカレ	救急車 ambulans アンブランス	消防車 brandbil ブランドビル

＊ 主語が単数の両性名詞の場合はstulen、単数の中性名詞の場合はstulet、複数形のときはstulnaです。

持ち物 Egendom
エーゲンドーム

～が欲しい Jag vill ha ～ ヤー ヴィル ハー	～を持っています Jag har ～ ヤー ハー
～はどこで手に入りますか？ Var kan jag få ～? ヴァール カン ヤー フォー	～を借りていいですか？ Får jag låna ～? フォー ヤー ローナ

地図 karta カールタ	化粧品 kosmetik コスメティーク	ティッシュペーパー mjukt papper ミュークト パッペル	蛍光灯 lysrör リースロル
歯ブラシ tandborste タンドボシュテ	歯みがき粉 tandkräm タンドクレーム	ランプ glödlampa グロードランパ	洗剤 tvättmedel トヴェットメーデル
眼鏡 glasögon グラースオーゴン	生理用ナプキン binda ビンダ	タオル handduk ハンドデューク	テレカ telefonkort テレフォーンコート
電池 batteri バッテリー	タバコ cigarett シガレット	スヌース *1 snus スヌース	新聞 tidning ティードニング
週刊誌 veckotidning ヴェッコ ティードニング	コンドーム kondom コンドーム	目覚まし時計 väckarklocka ヴェッカル クロッカ	ドライヤー hårtork ホールトルク
ひげ剃り rakhyvel ラークヒーヴェル	電気ひげ剃り rakapparat ラークアパラート	ラジオ radio ラーディオ	ビデオテープ *2 videoband ヴィデオバン

*1 タバコはとても高いので、安いスヌースのほうがポピュラーです。
*2 日本のものとは、方式が違います。

計算機	räknare	レークナレ
フィルム	filmrulle	フィルム ルッレ ＊
携帯電話	mobiltelefon	モビールテレフォーン
懐中ライト	ficklampa	フィックランパ
CD	cd-skiva	セーデー フィーヴァ
DVD	dvd-skiva	デーヴェーデー フィーヴァ
MD	md-skiva	エムデー フィーヴァ
タンポン	tampong	タンポン
ヘアブラシ	kam	カーム
かつら	peruk	ペルーク
トイレットペーパー	toalett papper	トアレット パッペル
爪切り	nagelsax	ナーゲルサクス
マッチ	tandsticka	タンドスティッカ
除光液	nagellack	ナーゲルラック
便せん	brevpapper	ブレーヴパッペル
封筒	kuvert	クヴェルト
ハガキ	vykort	ヴィーコート
切手	frimärke	フリーメルケ
ポスター	affisch	アフィッシュ
鉛筆	blyertspenna	ブリーエルツペンナ
消しゴム	suddgummi	スッド グンミ
ハサミ	sax	サクス
ノート	anteckningbok	アンテックニングブォーク
くずカゴ	papperskorg	パッペルスコリィ
セロハンテープ	tejp	テイプ
シャンプー	shampo	シャンプー ファンポー
リンス	balsam	バルサム
マグカップ	mugg	ムッグ
クリップ	gem	ジャム
パンチ	hålslag	ホールスラーグ
ホッチキス	häftapparat	ヘフトアパラート
定規	linjal	リンヤル

持ち物 / その他

＊ 高いので、たくさん写真を撮る予定なら、日本で揃えたほうがいいと思います。

動詞・疑問詞 Verb・frågeord
ヴァーブ・フローゲオード

何 vad ヴァド	どこ var ヴァール	誰 vem ヴェム	いつ när ナール	どうやって hur ヒュール
なぜ varför ヴァルフォー	なぜなら*1 eftersom エフテルソム	どこへ vart ヴァールト	どこから varifrån ヴァーリフロン	いくつ hur många(数) ヒュールモンガ / hur mycket(量) ヒュールミュッケ

サイドタブ: あいさつ / 移動 / 数字・買物 / 時間 / 食事 / 文化 / 生物 / 家・人 / トラブル / その他

Verb・frågeord

～したい vill (不定形 vilja)	私は～したい*2 Jag vill ～ ヤー ヴィル	～したいですか? Vill du ～? ヴィル デュー
～するつもりだ ska (不定形 skola)	私は～するつもりだ Jag ska ～ ヤー スカ	～しない? Ska vi ～? スカ ヴィ
～できる kan (不定形 kunna)	私は～できる Jag kan ～ ヤー カン	～してくれませんか? Kan du ～? カン デュー
～してもいい får (不定形 få)	私は～してもいい Jag får ～ ヤー フォー	～してもいいですか? Får jag ～? フォー ヤー
～すべきである bör (不定形 böra)	私は～すべきである Jag bör ～ ヤー ボー	～すべきですか? Bör jag ～? ボー ヤー
～しなくてはならない måste (不定形 ない)	私は～しなくてはならない Jag måste ～ ヤー モステ	～しなくてはいけませんか? Måste jag ～? モステ ヤー

私は覚えていません*3
Jag kommer inte ihåg.
ヤー コンメル インテ イオーグ

覚えているべきですか?
Bör jag komma ihåg?
ボー ヤー コンマ イオーグ

*1 därför att(ダルフェル アット)も同じ意味です。
*2 Jag skulle vilja ～(ヤー スクレ ヴィリヤ ～)という言いかたをすると、とても丁寧な表現になります。
*3 「忘れてしまいました」は「Jag glömde」(ヤー クロムデ)です。

74

〜する göra ヨーラ	飲む ✱ dricka ドリッカ	歌う sjunga シュンガ/フュンガ	書く skriva スクリーヴァ	知る veta ヴィエータ
持つ ha ハー	行く(歩いて) gå ゴー	来る komma コンマ	寝る sova ソーヴァ	言う säga セーヤ
話す tala ターラ	始める börja ボイヤ	やめる sluta スルータ	食べる äta エータ	座る sitta シッタ
立つ stå ストー	送る skicka シッカ/フィッカ	支払う betala ベターラ	見る se セー	楽しむ njuta ニュータ
走る springa スプリンガ	くしゃみをする nysa ニーサ	泣く gråta グロータ	助ける hjälpa イェルパ	笑う skratta スクラッタ
招待する bjuda ビューダ	尋ねる fråga フローガ	働く arbeta アルベータ	聴く lyssna リスナ	聞く höra ホーラ
取る ta ター	待つ vänta ヴェンタ	電話をかける ringa リンガ	探す söka ソーカ	行く(乗り物で) åka オーカ
使う använda アンヴェンダ	感謝する tacka タッカ	取ってくる hämta ヘムタ	読む läsa レーサ	買う köpa ショーパ
置く sätta セッタ	ダイエットする banta バンタ	チェックする kolla コッラ	思う tro トゥロー	与える ge イェー

動詞・疑問詞 その他

✱ たとえば「飲みたい」と言いたいときには「Jag vill + dricka」で「Jag vill dricka」(ヤー ヴィル ドリッカ)、「飲みたくない」は「Jag vill + inte + dricka」で「Jag vill inte dricka」(ヤー ヴィル インンテ ドリッカ)。

形容詞 Adjektiv アドイェクティヴ

○は△のように～だ
○ är ～ som △.
エ　　　　ソム

サイドタブ: あいさつ / 移動 / 数字・買物 / 時間 / 食事 / 文化 / 生物 / 家・人 / トラブル / その他 / Adjektiv

大きい	stor	ストール
小さい	liten	リーテン
おいしい	god	ゴード
まずい	äcklig	エックリグ
長い	lång	ロング
短い	kort	コート
高い	dyr	デュール
安い	billig	ビッリグ
太った	tjock	ショック
細い	smal	スマール
甘い	söt	ソート
酸っぱい	sur	スー
厚い	tjock	ショック
薄い	tunn	テュン
簡単な	lätt	レット
難しい	svår	スヴォー
重い	tung	テュング
軽い	lätt	レット
明るい	ljus	ユース
暗い（色）	mörk	モルク
やわらかい	mjuk	ミューク
かたい	hård	ホード
カールした	lockig	ロッキグ
まっすぐの	rak	ラーク
楽しい	rolig	ローリグ
つまらない	tråkig	トローキグ
清潔な	ren	レーン
汚れた	smutsig	スムッツィグ

76

日本語	スウェーデン語	日本語	スウェーデン語
若い ung ウング	年取った gammal ガンマル	お腹のすいた hungrig フングリーグ	満腹な mätt メット
元気な pigg ピッグ	疲れた trött トロット	新しい ny ニー	古い gammal ガンマル
健康な frisk フリスク	病気の sjuk シュック/フューク	まろやかな mild ミルド	濃い（味） stark スタルク
嬉しい glad グラード	悲しい ledsen レーセン	弱い svag スヴァーグ	強い stark スタルク
早い tidig ティデッグ	遅い（時間） sen セン	速い snabb スナップ	遅い（速さ） långsam ロングサム
空いている ledig レディグ	使用中の upptagen ウップターゲン	冷たい kall カル	暖かい varm ヴァルム
金持ちな rik リーク	貧乏な fattig ファッティグ	幅の広い bred ブレード	幅の狭い smal スマール
まっすぐな rak ラーク	曲がった krokig クローキグ	綺麗な vacker ヴァッケル	みにくい ful フール

形容詞

その他

電話のかけ方 Telefonfras
テレフォーンフラース

例

もしもし ロッタです
Lotta
ロッタ ＊

やあ、ロッタ、ニルスだ（当人）
Hej, Lotta, det är Nils.
ヘイ ロッタ デッ エ ニルス

〜は家にいる？
Har du Anna hemma?
ハー デュー アンナ ヘンマ

例

もしもし ロッタです
Det är Lotta.
デッ エ ロッタ

もしもし、ニルスです
Hej, det är Nils.
ヘイ デッ エ ニルス

あら、ニルス、久しぶり！ 調子はどう？
Hej, Nils, det var längesedan! Hur är det?
ヘイ ニルス デッ ヴァ レンゲセン ヒュール エ デッ

例

もしもし、ニルスだけど アンナはそこにいる？
Hej, det är Nils. Är Anna inne?
ヘイ デッ エ ニルス エ アンナ インネ

はい、ちょっと待ってください
Ja, ett ögonblick.
ヤー エット エーゴンブリック

〜と話したいのですが（丁寧な言い方）
Kan jag få tala med 〜?
カン ヤー フォー ターラ メッド

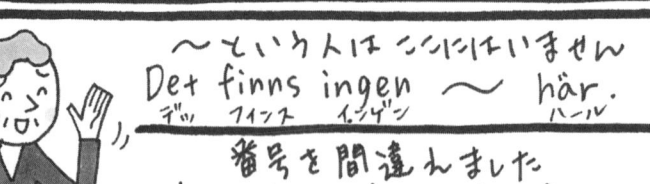

〜という人はここにいません
Det finns ingen 〜 här.
デッ フィンス インゲン ハール

番号を間違えました
Jag har kommit fel.
ヤー ハー コミット フェル

＊ 自己紹介のときと同様、自分の名前だけを言うのが一般的です。

ゆっくり話してください	もう少し大きく話してください
Kan du tala långsammare?	Kan du tala högre?
カン デュー ターラ ロングサンマレ	カン デュー ターラ ホーグレ

誰か日本語の話せる人をお願いします
Får jag tala med någon som kan japanska?
フォー ヤー ターラ メット ノーゴン ソム カン ヤパンスカ

君の携帯をかしてください
Kan jag låna din mobiltelefon?
カン ヤー ローナ ディン モビール テレフォーン

公衆電話	電話帳	市内通話
telefonkiosk	telefonkatalog	lokalsamtal
テレフォーンシオスク	テレフォーンカタローグ	ロカール サムタール

国際通話	警察・消防・救急の連絡番号	
utrikessamtal	112	
ウートリーケス サムタール		

テレカ
telefonkort
テレフォーンコート

電話のかけ方 その他

国際電話のかけ方	日本から 001など + 46 + 市局番号の最初のゼロを抜かした相手の番号
	スウェーデンから 0081 + 市局番号の最初のゼロを抜かした相手の番号

＊ 売店などで安く海外へ電話がかけられるカードを買うことができますが、公衆電話では使えないものもあるので、お店の人に聞いてから買ってください。

住所を尋ねる Att hålla kontakt
アット ホーラ コンタクト

君の〜を教えてください *1　Får jag fråga ― [din + 両性名詞 / ditt + 中性名詞] ?
フォー ヤー フローガ　ディン　ディット

| 名前 (ett) namn ナムン | 住所 (en) adress *2 アドレス | 電話番号 (ett) telefonnummer テレフォーンヌンメル | メールアドレス (en) e-mail adress エーマイル アドレス |

君に〜を送りたい　Jag vill skicka 〜 till dig.
ヤー ヴィル フィッカ　　ティル ディ

| 手紙 brev ブレーヴ | 写真 foto フォートー |

ここに書いてください(丁寧な言い方)
Var snäll och skriv här.
ヴァース ネル オック　スクリーヴ ハール

左側タブ: あいさつ／移動／数字／買物／時間／食事／文化／生物／家人／トラブル／その他

下部タブ: Att hålla kontakt

80
*1 スウェーデン人はカードを送る習慣があるので、仲良くなった人に日本的なカードを送ると、とても喜ばれると思います。
*2 「住所を教えてください」は「Får jag fråga din adress ?」(フォー ヤー フローガ ディン アドレス?)

第2部

スウェーデンで楽しく会話するために

第2部では、超初心者向けに、
文法やコミュニケーションのコツを解説します。
話す力も、話す内容の幅も確実にワンランクアップできます。

1.スウェーデンについて

■スウェーデン王国の概要

面積：44万9964 平方キロメートル（日本の約1.2倍）
人口：880万人（2001年度統計）
国王：カール・グスタフ16世
首都：ストックホルム　第二の都市：ヨーテボリ　第三の都市：マルメ
主要言語：スウェーデン語（公用語）
民族：スウェーデン人：90％、フィンランド人3％、その他
宗教：福音ルーテル派
政府：立憲君主制

■シャイなスウェーデン人

　スウェーデン人はシャイと聞いたことはありませんか？　2年半の留学生活を過ごした3カ所はどれも学生寮だったので、たくさんのスウェーデン人学生の生活を垣間見ることができました。たしかに男子学生は、機嫌が悪いのかなと思うほど無口でシャイでした。はじめの頃は「スウェーデンの男の子は無愛想で話しかけにくい」と思っていましたが、ある晩、寮のパーティーで皆とお酒を飲んでからは、向こうから積極的に話しかけてくれるようになりました。友人の「スウェーデン人は酔っ払わないと自分を見せられない人が多いんだよ」という言葉も、今思うとなるほどなと思います。
　また、スウェーデン人男性はお菓子を焼くことができる人が多く、初めて会った男性にケーキをもてなされたときには、とても驚きました。夏には歩きながらアイスクリームを食べている男性を街中で見かけることができますし、ケーキ屋さんやカフェなどで甘いケーキを食べる男性の姿も珍しくはありません。
　いっぽうスウェーデン人女性は明るく、サバサバとしていて、物事をはっきりと言うタイプが多く、男性よりも行動力がある思います。

■方言がいっぱい

　スウェーデン人でも理解できないような方言がいくつもあります。それにもかかわらず、スウェーデン語を勉強している外国人に、わざわざ標準語に直して話しかけてはくれません。友達曰く「標準語の真似はできても『話す』ことはできないよ」。

■じつはスウェーデン語だった

　日本で一度は耳にしたことがあるスウェーデンからの外来語には、代理人という意味のombudsman（オンブスマン）、上着という意味のkappa（カッパ）などがあります。

■日本でもおなじみのスウェーデン企業

　Volvo（自動車）、SAS（航空）、Ericsson（携帯電話）、Tetra Pak（パッケージング）、Astra Zeneca（製薬）、IKEA（家具）、Electrolux（家電）、Hasselblad（カメラ）、ABB（エンジニアリング）、Skanska（建設）、Skandia（保険・金融）などが、海外でも活躍してい企業です。

2.スウェーデン語について

■語派

　スウェーデン語はノルウェー語やデンマーク語と同じく、ノルド諸語です。ノルド諸語はゲルマン語派に属しているので、ドイツ語や英語と似ている点もあります。

■アルファベットと発音

A	B	C	D	E	F	G
アー	ベー	セー	デー	エー	エフ	ゲー
H	I	J	K	L	M	N
ホー	イー	ユイー	コー	エル	エム	エン
O	P	Q	R	S	T	U
オー	ペー	キュー	アル	エス	テー	ユー
V	W	X	Y	Z		
ヴェー	ドゥッペルヴェー	エクス	ユイー	セータ		

　これら26文字と、下のÅ（A med cirkel／オー メッド シッケル）、Ä（A med prickar／アー メッド プリッカル）、Ö（O med prickar／オー メッド プリッカル）の3語を合わせて、計29語。

Å	Ä	Ö
オー	アー（アとエの中間の音）	エー（ウとエの中間の音）

■母音の種類

　母音は、a, e, i, o, u, y, å, ä, öの9文字です。
　このうちa, o, u, åは硬母音、e, i, y, ä, öは軟母音と呼ばれます。発音の際に重要なので、覚えておきましょう。

　　例：g-硬母音の場合　　gå（ゴー）　　行く
　　　　g-軟母音の場合　　göra（ヨーラ）　する

　　　　k-硬母音の場合　　katt（カット）　ネコ
　　　　k-軟母音の場合　　kines（シネース）　中国人

■名詞

1.名詞の性

　名詞には、両性名詞と中性名詞の2種類があります。これらの名詞の性は、不定冠詞（en, ett）、定形冠詞（den, det）、不定代名詞（någon, något）や形容詞の変化などに影響があるので、しっかりと覚えなければなりません。

例：両性名詞　kaka（カーカ）ケーキ ⇒ en kaka
　　：中性名詞　bröd（ブロード）パン ⇒ ett bröd

2.名詞の複数形

　名詞の複数形変化は複雑ですが、いくつかのグループに分けることができます。

複数語尾	単数	複数
①-orとなるもの	flicka（フリッカ）少女	flick**or**（フリッコル）
②-arとなるもの	stol（ストール）イス	stol**ar**（ストーラル）
③-(e)rとなるもの	telefon（テレフォーン）	telefon**er**（テレフォーネル）
④-nとなるもの	äpple（エップレ）リンゴ	äpple**n**（エップレン）
⑤単複同形	hus（ヒュース）家	hus（ヒュース）

これらのグループの見分け方
①単数不定形が-aで終わる両性名詞（en-語）
　　例：女性 en kvinn**a** ⇒ kvinn**or**
　　　　サンドウィッチ en mack**a** ⇒ mack**or**
②1音節しかない両性名詞（en-語）と、
　-el, -en, -er, -ing, -ning, -domで終わる両性名詞（en-語）
　　例：バス en buss ⇒ buss**ar**
　　　　自転車 en cykel ⇒ cykl**ar**
③たいていインターナショナルな単語で、
　語尾の音節にアクセントがある両性名詞（en-語）と、
　語尾の母音のアクセントがある中性名詞（ett-語）
　　例：ゲスト en gäst ⇒ gäst**er**
　　　　ケーキ屋さん ett konditori ⇒ konditori**er**
④語尾の母音にアクセントがない中性名詞（ett-語）
　　例：社会 ett samhälle ⇒ samhälle**n**
⑤子音で終わる中性名詞（ett-語）と、
　-are, -er, -ande, -endeで終わる職業を表す両性名詞（en-語）
　　例：手紙 ett brev ⇒ brev
　　　　先生 en lär**are** ⇒ lärare
　　　　学生 en studer**ande** ⇒ studerande

3.不定型名詞と定型名詞

英語のtheに相当する定冠詞は、名詞の語尾に付きます。名詞の性の種類や数により変化します。不定形名詞は、はじめて述べることや聞き手に伝える時に使います。定形名詞は聞き手がすでに知っていること、またはすでに述べていることに使います。

例：Jag köpte en macka till lunch igår.
（今日お昼にサンドウィッチを買いました）
Mackan var mycket god.
（そのサンドウィッチはとてもおいしかったです）

	不定形単数	定形単数
両性名詞	en flicka	flickan
中性名詞	slott（スロット）お城	slottet

	不定形複数	定形複数
①-na型	flickor	flickor**na**
②-na型	stolar	stolar**na**
③-na型	telefoner	telefoner**na**
④-a型	äpplen	äpplen**a**
⑤-en型	hus	hus**en**
-na型	lärare	lärar**na**

グループ③に属するものに、特別な変化をするものがあります。

a-ä

不定形単数	定形単数	不定形複数	定形複数
en hand（ハンド）手	handen	h**ä**nder（ヘンデル）	h**ä**nderna（ヘンデナ）
en tand（タンド）歯	tanden	t**ä**nder	t**ä**nderna
en natt（ナット）夜	natten	n**ä**tter	n**ä**tterna
en stad（スタード）市	staden	st**ä**der	st**ä**derna
ett land（ランド）国	landet	l**ä**nder	l**ä**nderna

o-ö

不定形単数	定形単数	不定形複数	定形複数
en fot（フート）足	foten	f**ö**tter	f**ö**tterna
en son（ソーン）息子	sonen	s**ö**ner	s**ö**nerna
en bok（ブーク）本	boken	b**ö**cker	b**ö**ckerna

4.名詞の所有格

名詞の後に-sをつけます。ただし-s, -x, -zなどで終わる名詞には、つける必要はありません。

例：お母さんの肉団子　mammas köttbullar　マンマス ショットブッラー
　　私の友だちの家　min kompis hus　ミン コンピス ヒュース

5.人称代名詞

主語	目的語	再帰代名詞＊
jag（ヤー）私	mig（メイ）私を	mig（メイ）
du（デュー）君	dig（ディ）君を	dig（ディ）
han（ハン）彼	honom（ホノム）彼を	sig（セイ）
hon（フン）彼女	henne（ヘンネ）彼女を	sig（セイ）
den（デン）それ	den（デン）それを	sig（セイ）
det（デット）それ	det（デット）それを	sig（セイ）
vi（ヴィ）私達	oss（オス）私達を	oss（オス）
ni（ニー）あなた、君達	er（エァ）あなた達を	er（エァ）
de（ドム）彼ら	dem（ドム）彼らを	sig（セイ）

＊再帰代名詞は、英語のoneselfにあたります。おもに再帰動詞と一緒に使われます。

例：主語　再帰動詞　再帰代名詞
　　Jag　tvättade　mig.　　　私は体を洗いました。
　　Han　tvättade　sig.　　　彼は（自分の）体を洗いました。
　　Han　tvättade　honom.　　彼は彼（別の人）の体を洗いました。

6.所有代名詞とその変化

	両性名詞	中性名詞	複数形	再帰代名詞 両性名詞	中性名詞	複数形
私の	min	mitt	mina	min	mitt	mina
君の	din	ditt	dina	din	ditt	dina
彼の	hans	hans	hans	sin	sitt	sina
彼女の	hennes	hennes	hennes	sin	sitt	sina
私達の	vår	vårt	våra	vår	vårt	våra
あなたの	er	ert	era	er	ert	era
彼らの	deras	deras	deras	sin	sitt	sina

■形容詞

　形容詞は、中性名詞を修飾するときには-t、不定形複数と定形単複数を修飾するときには-aと変化します。

	両性名詞	中性名詞	複数	所有代名詞
fin（フィーン）	fin	fin**t**	fin**a**	fin**a**

例：Din bil är fin.（君の車はかっこいいね）
　　Ditt hus är fint（君の家はすてきですね）
　　Dina föräldrar är fina.（君の両親はすてきですね）
　　Den fina bilen är min.（そのかっこいい車は私のです）

■動詞

　動詞には人称変化はありませんが、活用変化は複雑です。第1部では、いくつかの動詞は実際に使いやすいように現在形で書いてありますが、下の表を見ればその動詞の過去形、過去分詞の変化を調べることができます。

グループ	命令形/語幹	不定形	現在形	過去形	過去分詞
1	tala（話す）	tala	tala**r**	tala**de**	tala**t**
2A	ring（電話する）	ring**a**	ring**er**	ring**de**	ring**t**
2B	läs（読む）	läs**a**	läs**er**	läs**te**	läs**t**
2C	kör（運転する）	kör**a**	kör	kör**de**	kör**t**
3	bor（住む）	bo	bor	bo**dde**	bo**tt**
4	skriva（書く）	skriva	skriv**er**	skr**e**v	skr**i**v**it**
	drick（飲む）	dricka	drick**er**	dr**a**ck	dr**u**ck**it**
	flyga（飛行機で行く）	flyga	flyg**er**	fl**ö**g	fl**u**g**it**
	sjung（歌う）	sjunga	sjung**er**	sj**ö**ng	sj**u**ng**it**
不規則	Vet!（知る）	veta	vet	visste	vetat

　グループ1　　　語幹が**-a**で終わる動詞。
　グループ2A　　語幹が有声音の子音で終わる動詞。**-ng, -n, -g, -m, -l, -v**など。
　グループ2B　　語幹が無声音の子音で終わる動詞。**-t,-p,-s,-t,-x**など。
　グループ2C　　語幹が**-r**で終わる動詞。
　グループ3　　　1音節しかなく、語幹が**-a**以外の母音の動詞。
　グループ4　　　上記の4つそれぞれと同じパターンの母音変化がある動詞があります。

■現在完了形・過去完了形

現在完了形　　　har　＋　過去分詞
過去完了形　　　hade　＋　過去分詞
　例：Jag **har** väntat på Joakim i en timme.
　　　（私はヨアキムを1時間待っています）
　　　Jag **hade** väntat på Joakim i en timme.
　　　（私はヨアキムを1時間待っていました）

■語順と否定形

基本語順は、「主語＋動詞＋目的語や補語」です。その他の語順でも、動詞はいつも2番目にこなければいけません。否定文を作るときは、inte（インテ）を動詞の後ろに置きます。

	1	2	3	4	5	6
基本	Jag 私は	**köper** 買う	inte 〜ない	blommor お花を	på stortorget 大広場で	klockan 15. 15時に
	På stortorget	**köper**	jag	inte	blommor	klockan 15.
	Klockan 15	**köper**	jag	inte	blommor	på stortorget.

■疑問文

疑問文は動詞を文頭に置きます。

　例：Äter du ris i Sverige?　　　スウェーデンではお米を食べますか？
　　　Äter du inte bröd i Japan?　日本ではパンを食べないのすか？

第3部

日本語→スウェーデン語単語集

第3部では、約2500の単語を収録しています。
旅行者にとって必要度の高い言葉、深い内容を話すための言葉を
厳選しています。

●名詞の活用形
名詞は、以下のかたちで書いています。
(=は単複数同形または不変化、
　Xは複数形がないもの)

不定形両性名詞(en 名詞) -定型両性名詞 -複数形
例：bakelse -n -r の場合
　　en bakelse　　一切れのケーキ
　　den bakelsen　そのケーキ
　　många bakelser　沢山のケーキ

不定形中性名詞(ett名詞) -定型中性名詞 -複数形
例：hus -et = の場合
　　mitt hus　私の家
　　det huset　その家
　　två hus　2軒の家

●動詞の活用形
動詞は、以下のかたちで書いています。
不定形：現在形 -過去形 -完了形
例：prata: prat/ar -ade -at の場合
　　Jag vill prata med dig.　私は君と話したい。
　　Jag pratar med dig.　私は君と話す(話している)
　　Jag pratade med dig.　私は君と話した。
　　Jag har pratat med dig.　私は君と話したことがある。

●形容詞の変化
形容詞は、以下のかたちで書いています。
両性名詞 -中性名詞 -複数形(を修飾する)
例：god -gott -goda の場合
　　en god bakelse　1切れのおいしいケーキ
　　ett gott bröd　1個のおいしいパン
　　tre goda bakelser　3切れのおいしいケーキ

あ 行

愛	kärlek -en -ar
愛国心	fosterlandskärlek -en -ar, patriotism -en -er
愛妻家	tillgiven person
愛称	smeknamn -et =
愛人	älskare -en =
愛する	älska: älsk/ar -ade -at
相変わらず	som vanligt, som alltid
あいさつ	hälsning -en -ar
アイスコーヒー	iskaffe -t X
あいつ	gosse -en -ar
アイディア	idé -n -er
空いている	ledig -t -a
アイロン	strykjärn -et =
会う	träffa: träff/ar -ade -at möta: möter -mötte -mött
合う	passa: pass/ar -ade -at
青い	blå -tt -a
赤い	rö/d -tt -da
赤ちゃん	baby -n -ar, spädbarn(産まれたて) -et =
明るい	ljus -t -a
明るい(性格)	trevlig -t -a, gla/d -tt -da
秋	höst -en -ar
あきらめる	ge upp: ger upp -gav upp -givit upp
飽きる	tröttna: trött/nar -ade -at, bli trött (på): blir trött -blev trött -blivit trött
アクセサリー	smycke -t -n
開ける	öppna: öppn/ar -ade at
上げる(上に)	lyfta: lyfter -lyfte -lyft
あげる(人に)	ge: ger -gav -givit, giva: ger -gav -givit
揚げる	fritera: friter/ar -ade -at
あこがれる	beundra: beundr/ar -ade -at
朝	morgon -en -ar
あさって	i övermorgon
足	fot -en, fötter
アジア	Asien
アジア人	asiat -en -er
明日	i morgon
あずける	lämna: lämn/ar -ade -at, överlämna: överlämn/ar -ade -at
汗	svett -en X
遊ぶ	roa sig: roar sig -roade sig -roat sig, leka (子供の): lek/er -te -t
遊びに行く	gå ut och roa sig: går ut och roar sig -gick ut och roade sig -gått ut och roat sig, gå ut och leka (子供の): går ut och leker -gick ut och lekte -gått ut och lekt
暖かい	varm -t -a
頭	huvud -et =
頭がいい	klok -t -a
新しい	ny -tt -a, färsk (新鮮な) -t -a
あたり前で	naturligtvis
厚い	tjock -t -a
暑い	varmt -t -a
集める	samla: saml/ar -ade -at
集まる	samlas: saml/as -ades -ats
あとで	senare
当てる	tilldela (あてがう): tillde/lar -ade -at
穴	hål -et -en
あなた	du, ni
あなたたち	ni
あなたの	din, er
あの	den här, det här
あの頃	på den tiden
あの人	den där personen
兄	storebror, äldre bror * bro/r -dern, bröder
姉	storasyster, äldre syster * syst/er -ern -rar
アパート	lägenhet -en -er
アヒル	ank/a -an -or
あぶない	farlig -t -a
油	olj/a -an -or
アフリカ	Afrika
あまい	söt
雨	regn -et =
アメリカ	Amerika, USA
あやしい	misstänksam -t -a, tvivelaktig -t -a
誤る	be om ursäkt: ber om ursäkt -bad om ursäkt -bett om ursäkt
洗う	tvätta: tvätt/ar -ade -at, diska (食器を): disk/ar -ade -at
ありがとう	tack
あるいは	eller
あるく	promenera: promener/ar -ade -at, gå (till fots): går -gick -gått
あれ	den, det, den där, det där, detta
アレルギー	allergi -en -er
暗証番号	hemlig kod
安心	lättnad -en -er
安全	säkerhet -en -er
案内する	leda: leder -ledde -lett, guida: guid/ar -ade -at
胃	mag/e -en -ar, magsäck (胃袋) -en -ar
いい	god, bra
いいかげんな	slumpvis -t -a
いいえ	nej
言う	säga: sager -sa -sagt
家	hus -et =
イカ	bläckfisk -en -ar
～以外	utom ～
～行き	mot ～
イギリス	England
生きる	leva: lev/er -de -t
行く	gå (歩いて): går -gick -gått, åka (乗り物で): åker -åkte -åkt
いくつ	Hur många?
いくら	Hur mycket kostar det?, Vad kostar det?
池	damm -en -ar
意見	åsikt -en -er
石	sten -en -ar
維持する	hålla: håller -höll -hållit, fort/sätta: -satte -satt
医者	läkare -n =, doktor -n -er
異常	ovanlighet -en -er
イスラム教	islam
イスラム教徒	islamisk person
遺跡	fornlämning -en -ar
移籍	flyttning -en -ar
いそがしい	upptag/en -et -na
いそぐ	ha bråttom: har bråttom -hade bråttom -haft bråttom
いたい	smärtsam -t -ma
痛い！	Aj!
偉人	storhet -en -er
いたずら	rackartyg -et =
炒める	steka: stek/er -te -t
イタリア	Italien
1	en, ett
1月	januari
一日	en dag
一日おき	var annan dag
一年おき	vart annat år
イチゴ	jordgubb/e -en -ar
市場	torg -et =
いちばん	ett/a -an -or
胃腸薬	matsmältningsbefordrande medel

1回	en gång	ウィスキー	whisky -n -er	運	tur -er -er, öde -t -n
1階	första våningen	上の	ovan -t -a	運がいい	ha en god tur: har en god tur
1週間	en vecka	ウェイター	servitör -en -er		-hade en god tur -haft en god tur
いっしょ	tillsammans	ウェイトレス	servitris -en -er	うんざりする	bli äcklad: är äcklad
一生	livstid -en -er, hela livet	浮く	flyta: flyter -flöt -flutit		-blev äcklad -blivit äcklad
一生懸命に	så gott man kan, mycket hårt	受付	reception -en -er,	うんちをする	bajsa: bajs/ar -ade -at
いっぱい	många (数), mycket (量)		mottagande -t -n	運賃	avgift -en -er, biljettpris -et =
一般的な	allmän -t -na	受け取る	få: får -fick -fått,	運転する	köra: kör -körde -kört
一方的	ensidig -t -a		mottaga: mot/tar	運転手	förare (車) -n X,
いつ	när		-tog -tagit		chaufför (電車) -en -er
いつも	alltid	牛	tjur (雄) -en -ar, ko (雌) -n -r,	運転免許証	körkort -et =
遺伝	ärftlighet -eb -er		oxe (去勢) -n -ar	運動する	motionera: motioner/ar -ade -at
糸	tråd -en -ar	うしなう	förlora: förlor/ar -ade -at, 絵		bild -en -er
犬	hund -en -ar, valp (子犬) -en -ar		mista: mister -miste -mist 絵をかく		rita en bild: ritar en bild
稲	risplant/a -an -or	後ろ	bakre del		-ritade en bild -ritat en bild
命	liv -et =	うすい	tun/n (厚さ) -t -na,	エアコン	luftkonditionering -en -ar
いのる	be: ber -bad -bett		färglös (色) -t -a	映画	film -en -er
いばる	vara arrogant: är arrogant	うそ	lögn -en -er	映画館	bio -n X
	-var arrogant -varit arrogant 歌		sång -en -er	永久	evighet -en -er
違反	lagbrott -et =	歌う	sjunga: sjunger	影響	inflytande -t -n
今	nu, nu för tiden		-sjöng -sjungit	営業職	affärsarbete -t -n
居間	vardagsrum -met =	疑う	misstänka: misstänk/er -te -t 英語		engelska
意味	mening -en -ar	宇宙	universum -et X	エイズ	HIV, AIDS
Eメール	epost -en -er	打つ	slå: slår -slog -slagit	衛生的な	hygienisk -t -a
イモ	potatis -en -ar	うつくしい	vack/er -ert -ra, fin -t -a	英雄	hjält/e (男性) -en -ar,
妹	lillasyster, yngre syster	移す	flytta: flytt/ar -ade -at,		hjältinn/a (女性) -an -or
	* syst/er -ern -rar		transportera: transpoter/ar 栄養		näring -en -ar
嫌になる	komma ogilla: kommer ogilla		-ade -at	笑顔	leende -t -n
	-kom ogilla -kommit ogilla	訴える	stämma: stäm/mer -de -t 駅		station -en -er
イライラする	vara irriterad: är irriterad	馬	häst -en -ar	エステ	skönhetsklinik -en -er
	-var irriterad -varit irriterad 上手い		duktig -t -a, skicklig -t -a	絵はがき	vykort -et =
いらない	behöva inte	生まれる	födas: föds -föddes -fötts エビ		räk/a -an -or
入り口	ingång -en -ar	海	hav -et X	えらい	stor -t -a
要る	behöva: behöv/er -de -t	産む	föda: föder -födde -fött	選ぶ	välja: väljer -valde -valt
居る	vara: är -var -varit,	裏	baksid/a -an -or	エリ	krag/e -en -ar
	finnas: finns -fanns -funnits 裏切る		förråda: för/råder -rådde -rått 得る		få: får -fick -fått
入れる	sätta in: sätter in	うらやむ	avundas: avund/as -ades -ats 宴会		fest -en -er,
	-satte in -satt in	うらやましい	avundsjuk -t -a		middagsbjudning -en -ar
色	färg -en -er	ウリ	melon -en -er	延期する	uppskjuta: upp/skjuter
いろいろ	olika	売り切れる	vara utsåld: är utsåld		-sköt -skjutit
いわう	gratulera: gratuler/ar -ade -at		-var utsålt -varit utsåld	エンジニア	ingenör -en -er
印刷する	kopiera: kopier/ar -ade -at,得る		få: får -fick -fått	援助する	hjälpa: hjälp/er -te -t,
	skriva: skriver -skrev -skrivit 売る		sälja: säljer -sålde -sålt		bistå: bi/står -stod -stått
印象	intryck -et =	ウール	ull -en X	炎症	inflammation -en -er
インスタントラーメン	snabbnudlar (通常複数)	うるさい	bullrig -t -a,	エンジン	motor -n -er
引退する	avgå: avgår -avgick -avgått		hög/ljudd -ljutt -ljudda	演奏する	spela: spel/ar -ade -at
インターネット	Internet	うれしい	gla/d -tt -da	延長する	förlänga: förläng/er -de -t
インド	Indien	浮気する	ha en kärleksaffär:	エンピツ	blyertspenn/a -an -or
インディア	Indonesien		har en kärleksaffär	遠慮する	vara reserverad: är reserverad
インフレ	inflation -en -er		-hade en kärleksaffär		-var reserverad -varit reserverad
インポテンツ	impotens -en -ar		-haft en kärleksaffär	おいしい	go/d -tt -da
飲料水	dryck -en -er	噂	rykte -t -n	王様	kung -en -ar

追う	förfölja: förfölj/er -de -t
往復	fram och tillbaka
往復切符	en tur och retur biljett
多い	många (数), mycket (量)
大きい	stor -t -a
大きさ	storlek -en -ar
おおげさな	överdriv/en -et -na
おかず	maträtt -en -er
おカネ	pengar (通常複数)
おがむ	be: ber -bad -bett
起きる	stiga upp: stiger upp
	-steg upp -stigit upp,
	vakna upp: vaknar upp
	-vaknade upp -vaknat upp
置く	lägga: lägger -la -lagt
	sätta: sätter -satte -satt
奥様	hustru -n -r, fru -n -ar
送る	skicka: skick/ar -ade -at,
	sända: sänder -sände -sänt
贈る	ge: ger -gav -givit
おくれる	komma sent: kommer sent
	-kom sent -kommit sent,
	vara försenad: är försenad
	-var försenad -varit försenad
起こす	väcka: väck/er -te -t
おこなう	göra: gör -gjorde -gjort
怒る	bli arg: är arg
	-blev arg -blivit arg
おじ(父方)	farbro/r -dern, farbröder
おじ(母方)	morbro/r -dern, morbröder
惜しい	beklaglig -t -a
オシャレな	stilig -t -a, parent = -a
教える	undervisa: undervis/ar -ade -at,
	lära: lär -lärde -lärt
おしっこ	urin -en X
押す	trycka: tryck/er -te -t,
	pressa: press/ar -ade -at
オス	han/e -en -ar
オーストラリア	Australia
おそい	sen (時間) -t -a,
	långsam (速度) -t -ma
落ちる	falla: faller -föll -fallit
おちんちん	snopp -en -ar, penis -en -ar
夫	man -nen, män
おつり	väx/el -eln -lar
音	ljud -et =
弟	lillebro/r -dern, lillebröder
	yngre bro/r -dern,
	yngre bröder
男	man -nen, män
男の子	pojk/e -en -ar
落とす	falla: faller -föll -fallit,

| tappa: tapp/ar -ade -at |
| 落し物 ... tappad sak |
| 訪れる ... besöka: besök/er -te -t |
| おととい ... i förrgår |
| おとな ... vuxen människa |
| オートバイ ... motorcyk/el -eln -lar |
| 踊る ... dansa: dans/ar -ade -at |
| 踊り ... dans -en -er |
| おどろく ... bli förvånad: |
| blir förvånad |
| -blev förvånad |
| -blivit förvånad, |
| bli överraskad (嬉しいこと): |
| blir överraskad |
| -blev överraskad |
| -blivit överraskad |
| お腹が一杯な ... matt = -a |
| お腹がすく ... vara hungrig: är hungrig |
| -var hungrig -varit hungrig |
| 同じ ... samma |
| おなら ... fjärt -en -ar |
| オナニー ... onani -en -er |
| おば(父方) ... fast/er -ern -rar |
| おば(母方) ... most/er -ern -rar |
| おばけ ... spök -t -n |
| 覚えている ... komma ihåg: kommer ihåg |
| -kom ihåg -kommit ihåg, |
| minnas: min/ns -des -ts |
| 覚えていない ... komma inte ihåg: |
| kommer inte ihåg |
| -kom inte ihåg |
| -inte kommit ihåg (語順注意) |
| おまえ ... du |
| お守り ... amulett trollmedel |
| おみくじ ... spådompapperslapp -en -ar |
| お見合い結婚 ... arrangerad bröllop |
| おめでとう ... Grattis!, Gratulera!, |
| Hjärtliga hälsningar! |
| 重い ... tung -t -a |
| 重さ ... vikt -en -er, tyngd -en -er |
| 思う ... tro: tro/r -dde -tt |
| tycka: tyck/er -te -t |
| 思い出す ... komma ihåg: kommer ihåg |
| -kom ihåg -kommit ihåg, |
| påminna sig: påminner sig |
| -påminde sig -påmint sig |
| 思い出させる erinra: erinr/ar -ade -at |
| 思い出 ... minne -n -t |
| おもしろい ... rolig -t -a, trevlig -t -a, |
| intressant = -a |
| おもちゃ ... leksak -en -er |
| 表 ... framsid/a -an -or, yt/a -an -or |

| 親 ... föräld/er -ern -rar |
| 親孝行 ... hänsyn till sina föräldrar |
| 親不孝 ... dålig behandling till sina föräldrar |
| おやすみなさい God natt! |
| *よく寝てね! Sov så gott! |
| 泳ぐ ... simma: simm/ar -ade -at |
| およそ～ ... cirka～, ungefär～ |
| オランダ ... Holland |
| 織物 ... textilier (通常複数) |
| 降りる ... stiga av: stiger av |
| -steg av -stigit av, |
| landa (飛行機から): land/ar |
| -ade -at |
| 折る ... vika: viker -vek -vikit, |
| bryta: bryter -bröt -brutit |
| 俺 ... jag |
| オレンジ ... apelsin -en -er |
| 終わる ... sluta: slut/ar -ade -at |
| 終わり ... slut -et = |
| 恩 ... godhet -en -er |
| 恩知らず ... otacksamhet -en -er |
| 恩人 ... välgörare -n = |
| 音楽 ... musik -en X |
| 温泉 ... varmvattenkällar/e -an -or, |
| hälsobrunn -en -ar |
| 温度 ... temperatur -en -er |
| 女 ... kvinn/a -an -or, dam -en -er |
| 女の子 ... flick/a -an -or |

か 行

| 蚊 ... mygg/a -an -or |
| 貝 ... snäck/a -an -or |
| ～階 ... våning -en -ar, trapp/a -an -or |
| ～回 ... gång -en -er |
| 会員 ... medlemskap -et = |
| 会員証 ... medlemskort -et = |
| 外貨 ... utländsk valuta |
| 海外 ... utland -et, utländer |
| 海岸 ... strand -en, stränder |
| 会議 ... konferens -en -er |
| 海軍 ... marin -en -er |
| 会計 ... räkenskap -en -er |
| 解決する ... lösa: lös/er -te -t |
| 戒厳令 ... untantagslag -en -ar |
| 外交 ... diplomati -en -er |
| 外国 ... utland -et, utländer |
| 外国人 ... utlänning -en -ar, |
| främling -en -ar |
| 外国製 ... utländsk vara |
| 改札口 ... biljettkontroll -en -er |
| 会社 ... företag -et =, bolag -et = |
| 会社員 ... firmanställd -a, firmanställda |

怪談	spökhistori/a -an -er
懐中電灯	ficklamp/a -an -or
ガイド	guide -n -r
ガイドブック	guide/bok -boken -böcker
回復する	få tillbaka: får tillbaka -fick tillbaka -fått tillbaka, återfå: återfår -återfick -återfått
解放する	befria: befri/ar -ade -at
開放する	öppna: öppn/ar -ade -at
開放的	öppenhjärtig -t -a, uppriktig -t -a
買い物	shopping -en -ar
潰瘍	sår -et =
改良する	förbättra: förbättr/ar -ade -at
会話	samtal -et =
買う	köpa: köp/er -te -t, handla: handl/ar -ade -at
飼う	föda upp: föder upp -födde upp -fött upp
返す	lämna tillbaka: lämnar tillbaka -lämnade tillbaka -lämnat tillbaka
カエル	grod/a -an -or
変える	ändra: ändr/ar -ade -at, byta: byt/er -te -t
顔	ansike -t -n
香り	doft -en -er
いい香り	god doft
科学	vetenskap -en -er
化学	kemi -n X
鏡	speg/el -eln -lar
カギ	nyck/el -eln -lar
カギをかける	låsa: lås/er -te -t
かきまぜる	blanda: bland/ar -ade -at
書留	värdeförsändelse -n -er
書く	skriva: skriver -skrev -skrivit
確信する	bekräfta: bekräft/ar -ade -at
かくす	gömma: göm/mer -de -t, dölja: döljer -dolde -dolt
学生	student -en -er, studerande -n =
学部	institution -en -er
革命	revolution -en -er
かくれる	gömma sig: gömmer sig -gömde sig -gömt sig
影	skugg/a -an -or
賭ける	spela om pengar: spelar om pengar -spelade om pengar -spelat om pengar, ingå: ingår ett vad -ingick ett vad -ingått ett vad
賭けごと	spel -et -en
過去	det förflutna, preteritum (文法)
カゴ	korg -en -ar
カサ	paraply -et -er
火山	vulkan -en -er
菓子	söt sak
歌詞	text -en -er
家事	hushåll -et =
火事	brand -et =
かしこい	klok -t -a, intelligent -t -a
カジノ	kasino -t -n
貸家	uthyrningshus -et =
歌手	sångare (男性) -n =, sångersk/a (女性) -an -or
果樹園	fruktträdgård -en -ar
貸す	hyra: hyr/er -de -t
数	num/mer -et =
ガス	gas -en -er
風	vind -en -ar
風邪	förkylning -en -ar
風邪薬	förkylningsmedicin -en -er
カセットテープ	kasettband -et =
数える	räkna: räkn/ar -ade -at
家族	familj -en -er
ガソリン	bensin -en X
ガソリンスタンド	bensinstation -en -er
肩	ax/el -eln -lar
硬い	hår/d -t -da
形	form -en -ar
かたづける	ställa i ordning: ställer i ordning -ställde i ordning -ställt i ordning
片道切符	enkel biljett
価値がある	värdefull -t -a
家畜	boskap -en X
勝つ	vinna
楽器	musikinstrument -et =
カッコいい	snygg -t -a, gullig -t -a
学校	skol/a -an -or
合唱	kör -er -er
勝手な	självisk -t -a
活発	aktiv -t -a
仮定する	förmoda: förmod/ar -ade -at, anta: an/tar -tog -tagit
家庭	hem -met =
カーテン	gardin -en -er
カード	kort -et =
カトリック	katolik -en -er
悲しい	ledsen
カナダ	Kanada
必ず	säkerligen
カニ	krabb/a -an -or
金	pengar (通常複数)
金持ち	rik man
可能	möjlighet -en -er
彼女	hon
カバン	väsk/a -an -or
株式会社	aktiebolag -et =
壁	vägg -en -ar
カボチャ	pump/a -an -or
我慢する	tåla: tål -tålade -tålt
紙	papper -et =
髪	hår -et =
神	Gud
カミソリ	rakkniv -en -ar, rakhyv/el -eln -lar
噛む	bita: biter -bet -bitit, tugga (ガムを) : tugg/ar -ade -at
亀	sköldpadd/a -an -or
瓶 (カメ)	vas -en -er
カメラ	kamer/a -an -or
カメラマン	fotograf -en -er
鴨	ank/a -an -or
粥	gröt -en -ar
かゆい	kliande ==
火曜日	tisdag -en -ar
カラーフィルム	färgfilmrull/e -en -ar
辛い	stark
ガラス	glas -et =
からだ	kropp -en -ar
借りる	låna: lån/ar -ade -at
軽い	lätt = -a
彼	han
彼ら	de
カレンダー	kalend/er -ern -rar, almanack/a -an -or
皮	skinn -et =
川	flod -en -er
かわいい	söt -t -a, nätt = -a, snygg -t -a
かわいそう	stackars = =, arm -t -a
乾	torka upp: torkar upp -torkade upp -torkat upp
乾かす	torka: tork/ar -ade -at
変わる	förändras: förändr/as -ades -ats
変わり者	exentrisk person, särling -en -ar
代わる	ersätta: er/sätter -satte -satt
ガン	canc/er -ern -rar
肺炎	hepatit -en -er
眼科医	ögonläkare -n =
(〜に) 関する	besläktad, om
考える	tänka på: tänker på -tänkte på -tänkt på

かい→かん

考え	tank/e -en -ar
感覚	käns/el -eln X
環境	miljö -n -er
環境保護	miljöskydd -et X
環境破壊	miljösöndring -en -er, miljöförstöring -en -ar
頑固な	envis -t -a
缶づめ	burkmat -en X
関係	relation -en -er, förhållande -t -n
観光	sight -seeing -en -ar, rundtur -en -er
観光客	turist -en -er
観光地	turist/land -landet -länder
韓国	Korea
韓国語	koreanska
看護士	sjukskötare -n =
看護婦	sjuksköktersk/a -an -or
感謝する	tacka: tack/ar -ade -at
患者	patien -en -er
感情	känsl/a -an -or
勘定する	räkna: räkn/ar -ade -at
感心する	beundra: beundr/ar -ade -at, bli imponerad (på): blir imponerad -blev imponerad -blivit imponerad
肝臓	lev/er -ern -rar
感想	intryck -et =
乾燥した	torr -t -a
簡単な	lätt = a, enk/el -elt -la
監督	regissör -en -er, direktör -en -er
乾杯	Skål!
がんばる	göra sitt bäst: gör sitt bäst -gjorde sitt bäst -gjort sitt bäst
がんばれ！	Lycka till!, Kämpa!, Heja!
看板	skylt -en -ar
缶ビール	ölbruk -en -ar
漢方薬	kinesisk medicin
木	träd -et =
気が大きい	modig -t -a
気が重い	beklämmande = =
気が狂う	bli galen: blir galen -blev galen -blivit galen
気が小さい	blyg -t -a, skygg -t -a, feg -t -a
気が遠くなる	känna sig matt: känner sig matt -kände sig matt -känt sig matt
気が楽になる	känna sig lättnad: känner sig lättnad -kände sig lättnad

	-känt sig lättnad
気に入る	tycka om: tycker om -tyckte om -tyckte om
気にしない	bry sig inte (om): bryr sig inte -brydde sig inte -inte brytt sig (語順注意),
気になる	bry sig(om): bryr sig -brydde sig -brytt sig, ha något emot: har något emot -hade något emot -haft något emot
気を失う	förlora medvetandet: förlorar medvetandet -förlorade medvetandet -förlorat medvetandet
気をつける	vara försiktig: är försiktig -var försiktig -varit försiktig
黄色	gul
消える	försvinna: för/svinner -svann -svunnit, slockna (火が): slockn/ar -ade -at
気温	temperatur -en -er
機械	maskin -en -er
機会	chans -en -er, tillfälle -t -n
着替える	klä om: klär om -klädde om -klätt om
期間	period -en -er
気管支炎	luftrörskatarr -en -er
聞く	höra: hör -hörde -hört
効く	vara effektiv: är effeltiv -var effektiv -varit effektiv
期限	tidsperiod -en -er
機嫌がいい	vara på gott humör: är på gott humör -var på gott humör -varit på gott humör
機嫌が悪い	vara på dåligt humör: är på dåligt humör -var på dåligt humör -varit på dåligt humör
気候	klimat -et =
帰国	hemkomst -en -er
既婚の	gift = -a
期日	bestämd dag
技術	teknik -en -er
キス	kyss -en -ar
傷	sår -et =, skad/a -an -or
傷つける	såra: sår/ar -ade -at, skada: skad/ar -ade -at

規則	reg/el -eln -ler
犠牲	off/er -ret -er
寄生虫	parasit -en -er
季節	årstud -en -er, säsong -en -er
北	norr
期待する	förvänta sig: förväntar sig -förvändade sig -förväntat sig
きたない	smutsig -t -a
基地	bas -en -ar
貴重品	värdesak -en -er
きつい (服が)	tajt = -a
喫茶店	kafé -et -er, café -et -er, fik -et =
切手	frimärke -t -n
機内誌	flygtidning -en -ar
記入する	skriva: skriver -skrev -skrivit, skriva in i: skriver in i -skrev in i -skrivit in i
絹	silke -t -n
記念	minne -t -n
記念日	minnesdag -en -ar
昨日	i går
きびしい	strict = -a, sträng -t -a
寄付する	bidra (till): bidrar -bidrog -bidragit
気分がいい	må bra: mår bra -mådde bra -mått bra
気分が悪い	må illa: mår illa -mådde illa -mått illa, må dåligt: mår dåligt -mådde dåligt -mått dåligt
希望する	hoppas: hopp/as -ades -ats
奇妙な	konstig -t -a
義務	plikt -en -er
義務教育	skolplikt -en -er
決める	bestämma: bestäm/mer -de -t
気持ち	känsl/a -an -or, sensation -en -er
気持ちいい	bekväm -t -a, angenäm -t -a, skön -t -a
気持ち悪い	obekväm -t -a, illamående = =
疑問	fråg/a -an -or
客	gäst -en -er, kund -en -er
キャッシュカード	bankomatkort -et =
キャンセルする	avbeställa: avbeställ/er -de -t
キャンセル	avbeställning -en -ar
キャンセル料保険	avbeställningsskydd -et X
9	nio
休暇	semest/er -ern -rar
救急車	ambulans -en -er
休憩	paus -en -er
急行列車	expresståg -et =
休日	fridag -en -ar

旧跡	historisk plats -en -er
牛肉	oxkött -et X
牛乳	mjölk -en X
キュウリ	gurk/a -an -or
給料	lön -en -er
今日	i dag
教育	utbildning -en -ar
行儀がいい	ordentlig -t -a
行儀が悪い	ohyfsa/d -t -de
教会	kyrk/a -an -or
教科書	läro/bok -boken -böcker, läse/bok -boken -böcker
競技場	idrottsplats -en -er, stadion -en -er
狂犬病	rabies
狂犬病犬	galen hund
教師	lälare -n =
行事	evenemang -et =
競争	tävling -en -ar
兄弟	bror(=broder) -n, bröder
郷土	födelseort -en -er
興味がある	ha intresse: har intresse -hade intresse -haft intresse
協力する	samarbeta: samarbet/ar -ade -at
許可	tillstånd -et =
去年	förra året, i fjöl
距離	avstånd -et =
きらい	avsky: avsky/r -dde -tt, ogilla: ogill/ar -ade -at
霧	dimm/a -an -or
キリスト教	kristendom -en X
切る	skära, hugga, skiva
着る	klä på sig
きれいな	vack/er -ert -ra, fin -t -a, snygg -t -a
キログラム	kilogram -met =
キロメートル	kilomet/er -ern -rar
金	guld -et X
純金	rent guld
銀	silv/er -ret X
純銀	rent silver
禁煙する	sluta röka: slutar röka -slutade röka -slutat röka
禁煙席	rökförbudet
緊急	nödsituation -en -er
銀行	bank -en -ar
禁止	förbud -et =
近所	närhet -en X
近所の人	grann/e -en -ar
緊張する	bli spänd: blir spänd -blev spänd -blivit spänd
筋肉	musk/el -eln -ler
筋肉痛	träningsvärk -en -ar
金髪	ljust hår
勤勉な	flitig -t -a
金曜日	fredag -en -ar
区	distrikt -et =
食いしんぼう	matvrak -et =
食い違い	missförstånd -et =
空気	luft -en X
空港	flygplats -en -er
空港税	flygskatt -en -er
偶然	tillfällighet -en -er
9月	september
クギ	spik -en -ar
草	gräs -et =
くさい	illaluktande = =
腐る	ruttna: ruttn/ar -ade -at
腐りやすい	ömtålig -t -a, förgänglig -t -a
くし(串)	stick/a -an -or
くし(櫛)	kam -men -mar
苦情を言う	klaga: klag/ar -ade -at
くすぐる	kittla: kittl/ar -ade -at
くすぐったい	kittlig -t -a
薬	medicin -en -er
薬屋	apotek -et =
薬剤師	apotekare -n =
くすり指	lillafing/er -ret -rar
糞	bajs -en -ar
くだもの	frukt -en -er
くだらない	dum -t -ma, futtig -t -a
口	mun -nen -nar
口が重い	fåordig -t -a, ordknapp -t -a
口が軽い	pratsjuk -t -a, pratsam -t -ma
口が悪い	vass tunga
くちびる	läpp -en -ar
口紅	läppstift -et =
靴	sko -n -r
靴屋	skoaffär -en -er
くつした	strump/a -an -or
くっつく	klibba sig fast: klibbar sig fast -klibbade sig fast -klibbat sig fast
くっつける	klibba: klibb/a -ade -at
口説く	förföra: förför -förförde -förfört
国	land -et, länder
首	nack/e -en -ar
首になる(解雇)	vara avskedered: år avskedered -var avskedered -varit avskedered, vara uppsagt: år uppsagt -var uppsagt -varit uppsagt
クモ	spid/el -eln -lar
雲	moln -et =
くもり	molnig
クーラー	kylare (冷却器) -n =, luftkonditionering (エアコン) -en -ar
暗い	mörk -t -a
クラスメート	klasskamrat -en -er, klasskompis -en -ar
クラシック音楽	klassisk musik
比べる	jämföra: jämför -jämförde -jämfört
グラム	gram -met =
クラブ	klubb -en -ar
ナイトクラブ	nattklubb -en -ar
くり返す	upprepa: upprep/ar -ade -at, repetera: repeater/ar -ade -at, göra om: gör om -gjorde om -gjort om
くり返して!	Upprepa!
クリスマス	jul -en -ar
クリーニング	städning -en -ar, regöring -en -ar
来る	komma: kommer -kom -kommit
くるしい	smärtsam -t -ma, plågsam -t -ma
クレジットカード	kreditkort -et =, kontokort -et =
黒い	svart - -a
苦労	möd/a -an -or
加える	addera: adder/ar -ade -at, lägga till: lägger till -la till -lagt till
くわしい	detaljera/d -t -de
軍隊	armé -n -er
軍人	militär -en -er
軍人基地	militärbas -en -ar
毛	hår -et =
経営する	driva: driver -drev -drivit
計画	plan -en -er
経験する	erfara: erfar -erfor -erfarit, uppleva: upplev/er -de -t
経験	erfarenhet -en -er
傾向	tendens -en -er
警告	varning -en -er
警告標識	varningsskylt -en -ar
経済	ekonomi -n -er
経済学	nationalekonomi -n -er
経済危機	ekonomisk kris
経済政策	ekonomisk policy
経済成長	ekonomisk tillväxt
警察	polis -en X
警察学校	polisskol/a -an -or
警察官	polis -en -er
警察犬	polishund -en -ar
警察署	polisstation -en -er
警察署長	polischef -en -er
計算機	räknare -en =,

	räkneapparat -en -er	月曜日	måndag -en -ar	後悔	ånger -n X
計算する	räkna: räkn/ar -ade -at, kalkylera: kalkyler/ar -ade -at	解熱剤	febernedsättande	後悔する	ångra: ångr/ar -ade -at
芸術	konst -en -er	ゲーム	spel -et =	公害	förorening -en -er
芸術家	konstnär -en -er	けむり	rök -en -ar	郊外	förort -en -er, för/stad -staden -städer
芸術品	konstverk -et =	下痢	diarré -n -er	合格する	klara tentan: klarar tentan -klarade tentan -klarat tentan
携帯電話	mobiltelefon -en -er	下痢をする	ha diarré: har diarré -hade diarré -haft diarré		
競馬	hästkapplöpning -en -ar	下痢止め	diarrémedicin -en -er	交換する	byta: byt/er -te -t, utbyta: utbyt/er -te -t
経費	utgift -en -er	県	län -et -		
軽べつ	förakt -et =, hån -et X	原因	orsak -en -er	睾丸	testik/el -eln -lar
軽べつする	förakta: förakt/ar -ade -at	ケンカする	bråka: bråk/ar -ade -at	好奇心	nyfikemhet -en -er
刑務所	fängelse -t -r		slåss: slåss -slogs -slagits	抗議する	klaga: klag/ar -ade -at
契約	avtal -et =, formell överenskommelse	見学する	beskåda: beskåd/ar -ade -at	工業	industri -en -er
		元気な	livlig -t -a, pigg -t -a	航空券	flygbiljett -en -er
ケガ	sår -et =, skad/a -an -or	元気ですか?	Hur mår du?, Hur är det?	航空会社	flygbolag -et =
外科	kirurgi -n X		Hur är läget? (スラング)	航空便	flygpost -en -er
外科医	kirurg -en -er	研究する	forska: forsk/ar -ade -at	高血圧	högt blodtryck, hypertoni
毛皮	päls -en -ar	健康	hälsa -n X	口語	talspråkiga ord
ケーキ	bakelse -n -r, kak/a -an -or, tårt/a -an -or	健康的な	hälsosam -t -ma	高校	gymnasieskol/a -an -or
		健康飲料	hälsodryck -en -er	広告	reklam -en -er
劇	skådespel -et -en, dram/a -at -er	健康管理	hälsokontroll -en -er	広告代理店	reklambyrå -n -er
劇場	teat/en -ern -rar	健康食品	hälsokost -en X	口座	bankkonto -t -n
今朝	i morse	現在	nu, numera, nuvarande, nu för tiden	口座番号	bankkontonum/mer -ret -
下痢	laxermed/el -let -			交差点	gatukorsning -en -ar, korsning -en -ar
景色	omgivning -en -ar, landskap -et =, utsikt -en -er	検査	undersökning -en -ar		
		原産地	ursprungs/land -landet -länder	工事	konstruktion -en -er
消しゴム	radergummi -t -n, suddgummi -t -n	研修	praktik -en -ar	工事中	under konstruktion
		研修医	praktikant -en -er	公衆電話	telefonkiosk -en -er
化粧する	sminka: smink/ar -ade -at	原子力	kärnkraft -en -er, atomkraft -en -er	公衆トイレ	allmän toalett
化粧品	kosmetika -n X, smink -et -er	原子力兵器実験	kärnvapenprov -et -	交渉する	förhandla: förhandl/ar -ade -at
消す	släcka: släck/er -te -t, stänga av: stänger av -stängde av -stängd av	原子力爆弾	atombomb -en -er	工場	fabrik -en -er
		原子炉	kärnreaktor -n -er	香辛料	krydd/a -an -or
		原子力発電所	kärnkraftverk -et -	香水	parfym -en -er
ゲストハウス	gästhem -met -	現像	framkallning -en -ar	香水ボトル	parfymflask/a -an -or
ゲストルーム	gästrum -met -	現像する	framkalla: framkall/ar -ade -at	洪水	översvämning -en -ar
けち	snål -t -a	建築	arkitektur -en -er	高層ビル	hög byggnad
血圧	blodtryck -et -	建築士	arkitekt -en -er	高速道路	motorväg -en -ar
血液型	blodgrupp -en -er	憲法	författning -en -ar, rundlag -en X	紅茶	te -et -er
血液検査	blodprov -et -	権利	rättighet -en -ar, tillåtelse -n -r	交通	trafik -en X
結果	resultat -et -	5	fem	交通事故	trafikolyck/a -an -or
結核	tuberkulos	5月	maj	交通事故現場	trafikolycksplats -en -er
月経	mens -en X, menstruation -en -er	濃い	stark -t -a	交通整備	trafikkontroll -en -er
結婚する	gifa sig: gifter sig -gifte sig -gift sig	恋	kärlek -en -er	強盗	rånare -n =
		恋しがる	sakna: sakn/ar -ade -at	幸福	lyck/a -an -or
結婚指輪	vigselring -en -ar	恋する	vara kär i: är kär i -var kär i -varit kär i	興奮する	vara upphetsad: är upphetsad -var upphetsad -varit upphetsad
結婚式	bröllop -et =, vigs/el -eln -lar				
結婚招待客	bröllopsgäst -en -er	恋人	älskring -en -er		
欠席	frånvaro -n X	工員	fabrikarbetare -t -	公平	rättvis/a -an -or
欠点	fel -et =	公園	park -en -er	公務員	statstjänste/man -mannen -män
ゲップ	rap -et -	効果	effekt -en -er, verkan -X	小売り	detaljhandel -n X
ゲップする	rapa: rap/ar -ade -at	豪華な	luxuös -t -a	肛門	anus -n -
月賦	månatlig avbetalning	硬貨	mynt -et =, slant -en -ar	交流	utbyte -t -n

日本語	Svenska	日本語	Svenska	日本語	Svenska
声	röst -en -er		-bekymrade sig -bekymrat sig	裁判所	domstol -en -ar
声が大きい	hög/ljudd -ljutt -ljudda	ゴミ	skräp -et X	サイフ	plån/bok -boken -böcker
声が小さい	låg -t -a	ゴミ箱	sopkorg -en -ar,	材料	ingrediens -n -r
超える	gå över: går över		papperskorg (くずかご) -en -ar	サイン	underskrift -en -er
	-gick över -gått över	小麦粉	mjöl -et X	サウナ	bastu -n -r
氷	is -en -ar	米	ris -et X	坂	back/e -en -ar
こおる	frysa: fryser -frös -frusit	ごめんなさい	Förlåt!	探す	söka: sök/er -te -t,
誤解する	missförstå: miss/förstår	小指	fing/er -ret -rar		leta efter: letar efter
	-förstod -förstått	ゴルフ	golf -en X		-letade efter -letat efter
コカコーラ	Coca-Cola	これ	den här, det här, denna, detta, det	魚	fisk -en -ar
小切手	check -en -ar	コレラ	koler/a -an -or	魚屋	fiskaffär -en -er
ゴキブリ	kackerlack/a -an -or	殺す	döda: död/ar -ade -at	さがる(うしろに)	backa: back/ar -ade -at,
故郷	hem/stad -staden -städer	ころぶ	tumla: tuml/ar -ade -at		röra sig bakåt: rör sig bakåt
国籍	nationalitet -en -er	こわい	skrämmande = =		-rörde sig bakåt -rört sig bakåt
国民	folk -et =	こわれる	bryta: bryter -bröt -brutit	咲く	blomma: blomm/ar -ade -at,
国立公園	folkets park -en -er	今回	denna gång, den här gången		stå i blom: står i blom
こげる	brinna: brinner -brann -brunnit	今月	denna månad		-stod i blom -stått i blom
ここ	här, den här, det här	混雑する	vara fullsatt: är fullsatt	昨晩	i går kväll
午後	eftermiddag -en -ar		-var fullsatt -varit fullsatt	サクラの木	körsbärsträd -et =
心	hjärta -t -n	コンサート	konsert -en -er	サクラの花	körsbärsblomm/a -an -or
腰	midj/a -an -or	今週	i veckan, denna vecka	酒	alkohol -en X
乞食	tiggare -n =	コンセント	vägguttag -et =	酒飲み	suput -en -er
コショウ	peppar -n X	コンタクトレンズ	kontaktlins -en -er	さけぶ	skrika: skriver -skrev -skrivit
故障する	gå sönder -går sönder	今度(今回)	denna gång, den här gången		ropa: rop/ar -ade -at,
	-gick sönder -gått sönder	(次回)	nästa gång		gorma: gorm/ar -ade -at
個人の	privat = -a, enskil/d -t -da	コンドーム	kondom -en -er	避ける	undvika: undviker
個性的な	unik -t -a	こんにちは	Hej !, God dag ! (丁寧)		-undvek -undvikit
小銭	väx/el -eln -lar	今晩	i kväll	差出人	avsändare -n =
午前	förmiddag -en -ar	コンピューター	dator -n -er	刺身	sashimi, rå fisk
答える	svara: svar/ar -ade -at	コンピューターゲーム	dataspel -et =	指す	peka: pek/ar -ade -at
国歌	nationalsång -en -er	婚約する	förlova sig: förlovar sig	座席	sittplats -en -er
国旗	nationalflagg -an -or		-förlovade sig -förlovat sig	座席番号	sittplatsnum/mer -ret =
国境	landsgräns -en -er	**さ 行**		～させる	låta: låta:låter -lät -låtit
コック	kock -en -ar			さそう	bjuda:bjuder -bjöd -bjudit,
骨折	benbrott -en =	最悪な	sämst (dålig の最上級)		inbjuda: inbjuda: inbjuder
小包	paket -et =	再会する	träffas igen: träffas igen		-inbjöd -inbjudit
コップ	kopp -en -ar		-träffades igen -träffats igen	撮影禁止	fotoförbudet
孤独な	ensam -t -ma	差	skillnad -en -er	撮影可	fotografering tillåten
今年	i år	最近	nyligen, på senaste tiden	サッカー	fotboll -er -ar
ことば	ord -et =	細菌	bakterie -n -r	サッカーグラウンド	fotbollsplan -en -er
こども	barn -et =	最後	sista gången	サッカーチーム	fotbollslag -et =
こどもっぽい	barnslig -t -a	最後の	sista	さっき	nyss,
ことわざ	ordspråk -et =	サイコー!	Toppen !		alldeles nyss (たった今さっき)
ことわる	avböja: avböj/er -de -t,	サイコロ	tärning -en -ar	雑誌	magasin -et=
	tacka nej till: tackar nej till	祭日	helgdag -en -ar	砂糖	sock/er -ret X
	-tackade nej till -tackat nej till	最初	början = -r	砂漠	ök/en -nen -nar
この	den här, det här, denna, detta	最小	minimum -et =	サファイア	safir -en -er
このくらい	tills detta	最新	den senaste	さびしい	ensam -t -ma, enslig -t -a
このように	som den här, som det här	サイズ	storlek -en -ar	サービスカウンター	kundtjänst -en -er
ごはん	mat -en X	最大	maximal -t -a	サービス料	serveringsavgift -en -er
コピーする	kopiera: kopier/ar -ade -at	才能	förmåg/a -an -or	サーフィン	surfing -en X
困る	bekymra sig: bekymrar sig	再発行	återutgivning -en -ar	さむい	kall -t -a

日本語	Svenska	日本語	Svenska	日本語	Svenska
覚める（眠りから）	vakna: vakn/ar -ade -at	舌	tung/a -an -or	しめった	fuktig -t -a
皿	tallrik -en -ar	下	bott/en -nen -nar	閉める	stänga: stäng/er -de -t
サラダ	sallad -en -er	下着	underkläder	地面	grund -en -er
サル	ap/a -an -or	仕立てる	skräddarsy: skräddarsy/r -dde -tt	社会	samhälle -t -n
さわる	röra: rör -rörde -rört	7	sju	社会福祉	socialvård -en -ar
3	tre	7月	juli	ジャガイモ	potatis -en -ar
3月	mars	質屋	pantlånare -n =	市役所	stadshus -et =
三角	triang/el -eln -lar	試着する	prova: prov/ar -ade -at	車掌	tågmästare -n =, kondaktör -en -er
算数	matematik -en X, matte -n X	シーツ	lakan -et =		
サンダル	sandal -en -er	実業家	affärs/man -mannen -män	写真	foto -t -n
サンドウィッチ	mack/a -an -or, smörgårs -en -ar	失業する	bli arbetslös: blir arbetslös -blev arbetslör -blivit arbetslös	写真屋	fotoaffär -en -er
				ジャズ	jazz -en X
残念ながら	tyvärr	しつこい	enveten: envet/en -et -na, ihållande ==	社長	företagschef -en -er
散髪	frisör -en -er			シャツ	skjort/a -an -or
産婦人科	gynekologavdelning -en -ar	実際は	egentligen	借金	skuld -en -er, gäld -en X
散歩する	promenera: promener/ar -ade -at	嫉妬	svartsjuk/a -an -or	シャッター	fönsterluck/a -an -or
		嫉妬する	bli svartsjuk: blir svartsjuk -blev svartsjuk -blivit svartsjuk	ジャーナリスト	jounalist -en -er
市	stad -en, städer			じゃまをする	störa: stör -de -t
詩	dikt -en -er		avundas: avund/as -ades -ats	ジャム	sylt -en -er
試合	match -en -er	湿度のある	fuktig -t -a	シャワー	dusch -en -ar
しあわせ	lyck/a -an X	失敗	fel -et =	シャンプー	shampo -t -n
寺院	temp/el -let =	質問	fråg/a -an -or	週	veck/a -an -or
塩	salt -et -er	失礼な	plump -t -a, ohyfsa/d -t -de, oartig -t -a	自由	frihet -en -er
しおからい	salt = -a			自由化	liberalisering -en -ar
仕送りする	remittera: remitter/ar -ade -at, skicka pengar: skickar pengar -skickade pengar -skickat pengar	実は…	i själva verket	自由席	ledig sittplats
		～してあげる	hjälpa att: hjälper att -hjälpte att -hjälpt att	10	tio
市外局番	riktnum/mer -ret =	CD	cd-skiv/a -an -or	10月	oktober
資格	merit -en -er	自転車	cyk/el -eln -lar	11月	november
四角	kvadrat -en -er	自動	automat -en -er	12月	december
しかし	men	自動車	bil -en -ar	十代の若者	tonåring -en -ar
自家製	hemlagad（料理など）, hemmagjort（物など）	次男	andra son	習慣	hävd -en -er
		死ぬ	dö: dör -dog -dött	宗教	religion -en -er
4月	april	支配人	direktör -en -er, ägare -n =	宗教の自由	religionfrihet -en -er
しかる	gräla: gräl/ar -ade -at	しばしば	ofta	住所	adress -en -er
時間	tid -en -er	しばる	binda: binder -band -bundit	渋滞	trafikstockning -en -ar
四季	årstid -en -er	耳鼻科咽喉科	öron, näsa, hals mottagning	重体な	allvarligt skadad
試験	tent/a -an -or	しびれる	domna: domn/ar -ade -at	集中する	koncentrera: koncentrer/ar -ade -at
資源	naturlig resurs	自分	själv	集中力	koncentrationsförmåg/a -an -or
事故	olyck/a -an -or	紙幣	sed/el -eln -lar, lapp -en -ar	収入	inkomst -en -er
時刻表	tidtabell -en -er	脂肪	fett -et -er	充分な	tillräcklig -t -a
仕事	jobb -et =	しぼる	pressa: press/ar -ade -at	重役	direktör -en -er
辞書	ord/bok -boken -böcker, lexikon -et =	資本主義	kapitalism -en X	修理する	laga: lag/ar -ade -at
		資本家	kapitalist -en -er	授業	lektion -en -er
次女	andra dotter	島	ö -n -ar	宿題	läx/a -an -or
時差	tidsskillnad -en -er	島人	öbo -n -r	宿泊客	gäst -en -er
しずかな	tyst = -a, stillsam -t -ma	姉妹	syst/er -ern -rar	手術	operation -en -er
しずむ	sjunka: sjunker -sjönk -sjunkit	自慢	skryt -et X	首相	statsminist/er -ern -rar
施設	institution -en -er, anstalt -en -er	自慢する	skryta: skryter -skröt -skrutit	ジュース	juice -n -r
		地味な	enk/el -elt -la, omönstra/d -t -de	出血	blödning -en -ar
自然	natur -en -er	事務所	kontor -et =	出国する	lämna landet: lämnar landet -lämnade landet -lämnat landet
子孫	ättling -en -ar	氏名	namn -et =		

出国カード	embarkationskort -et =
出産	förlossning -en -ar
出発する	avresa: avres/er -te -t,
	avgå: avgår -avgick -avgått
出発ロビー	avgångshall -en -ar
出発時間	avgångstid -en -er
出版会社	utgivare -n =
首都	huvud/stad -staden -städer
主婦	hustru -n -r
趣味	hobby -n -er
種類	sort -en -er
純粋な	ren -t -a, äkta = =
準備する	förbereda sig: förbereder sig
	-förberedde sig -förberett sig
	preparera: preparer/ar -ade -at,
	göra i ordning: gör i ordning
	-gjorde i ordning -gjort i ordning
賞	pris -et =
しょうが	ingefär/a -an -or
紹介する	presentera: presentera/r -de -t
小学校	förskol/a -an -or
正月	nyår -et =
乗客	passagerare -n =
条件	kondition -en -er, villkor -et =
証拠	bevis -et =
正午	eftermiddag -en -ar
上司	boss -en -ar
正直	ärlighet -en -er
正直者	ärlig person
少女	flick/a -an -or
上手な	duktig -t -a, bra = =
少数民族	etnisk minoritetsgrupp
小説	roman -en -er
小説家	romanförfattare -n =
招待	inbjudan =, inbjudningar
じょうだん	skämt -et =, skoj -et =
消毒	desinfecktion -en -er
証人	vittne -t -n
商人	köp/man -mannen -män
少年	pojk/e -en -ar
賞品	pris -et -er, vinst -en -er
上品な	elegant = -a
じょうぶな	stark -t -a
しょうべん	kiss -et X, urin -et X
情報	information -en -er
消防車	brandkår -en -er
証明書	betyg -et =, diplom -et =
正面	front -en -er
条約	fördrag -et =, avtal -et =
しょうゆ	sojasås -en -er
将来	framtid -en -er
使用料	hyresavgift -en -er,
	hyr/a -an -or
初級	nybörjare -n =
食事	mål -et =
食堂車	restaurangvagn -en -ar
植物	växt -en -er
植物園	botanisk trädgård
植民地	koloni -n -er
食欲	aptit -en X, matlust -en X
処女	oskuld -en -er
女性	kvinn/a -an -or
女性器	vagin/a -an -or, slid/a -an -or
書類	handling -en -ar, dokument -et =
知らせる	ange: anger -angav -angett, meddela: meddel/ar -ade -at, informera: informer/ar -ade -at
しらべる	söka: sök/er -te -t
私立の	privat = -a
知る	veta: vet -visste -vetat ta reda på: tar reda på -tog reda på -tagit reda på
知っている	veta: vet -visste -vetat
知らない	veta inte: vet inte -visste inte -inte vetat 〔語順注意〕
白い	vit -t -a
シンガポール	Singapore
進学する	gå vidare i utbildningen: går vidare i utbildningen -gick vidare i utbildningen -gått vidare i utbildningen, avancera: avancer/ar -ade -at
シングルルーム	enkelrum -met =
神経	nerv -en -ar
神経質な	nervös -t -a
人口	befolkning -en -ar
申告書	deklarationsblankett -en -er
深刻な	allvarlig -t -a, seriös -t -a
新婚さん	nygift person
新婚カップル	nygift par
新婚旅行	smekmånad -en -er
診察	undersökning -en -ar, läkarundersökning -en -ar
真実	sanning -en -ar
真珠	pärl/an -an -or
人種	ras -en -er
人種差別	rasdiskriminering -en -ar
信じる	tro: tror -trodde -trott
ジーンズ	jeans
申請	ansökan =, ansökningar
親戚	släktning -en -ar
親切な	snäll -t -a
新鮮	färsk -t -a
心臓	hjärta -t -n
腎臓	njur/e -en -ar
寝台車	sovvagn -en -ar
身体障害者	handikappad person
身長	höjd -en -er
心配する	bekymra: bekymr/ar -ade -at, oroa sig: oroar sig -oroade sig -oroat sig
神父	titeln fader
新聞	tidning -en -ar
じんましん	utslag -et =
親友	bästis -en -ar, sin bästa kompis
信頼する	lita på: litar på -litade på -litat på
酢	vinäger -n X
水泳	simning -en X
推薦	rekommendation -en -er
スイス	Schweiz
スイッチ	väx/el -eln -lar, strömbrytare -n =
水道	vattenkran -en -ar
炊飯器	riskokare -n =
水曜日	onsdag -en -ar
吸う	suga: suger -sög -sugit
数字	num/mer -ret =
末っ子	yngsta barn
スカート	kjol -en -ar
好き	tycka om: tycker om -tyckte om -tyckt om, gilla: gill/ar -ade -at
スキーをする	åka skidor: åker skidor -åkte skidor -åkt skidor
スキー	skidåkning
すぐに	snart, strax
スケベな	snuskig -t -a
すこし	lite, få
すずしい	kylig -t -a
スター	filmstjärn/a -an -or
スチュワーデス	flyggvärdinn/a -an -or
スーツ	kostym -en -er
頭痛	huvudvärk -en -ar
スーツケース	resväsk/a -an -or
ずっと	hela tiden, alltid
すっぱい	sur -t -a
ステーキ	stek -en -ar
すでに	redan
すてる	kasta bort: kastar bort -kastade bort -kastat bort
ストッキング	strump/a -an -or
ストロー	sugrör -et =
砂	sand -en X

素直な	frank -t -a, uppriktig -t -a, direkt = -a
スーパーマーケット	snabbköp -et =, stort snabbköp
すばらしい	underbar -t -a, fantastisk -t -a
スパゲッティ	spagetti -n X
スパゲッティーソース	spagettisås -en -er
スピード	fart -en -er
スープ	sopp/a -an -or
スプーン	sked -en -ar
スペイン	Spanien
すべて	all, allt, alla, hela
すべる	glida: glider -gled -glidit
スポーツ	sport -en -er
ズボン	byx/a -an -or
すみません	Urkäkta.
炭	kol -et =
住む	bo: bor -bodde -bott
済む	vara färdig : är färdig -var färlig -varit färdig
スラム	slum -men X
スラム街	slumområde -t -n
スリムな	smal -t -a
スリ	ficktjuv -en -ar
するどい	sharp -t -a
すわる	sitta: sitter -satt -suttit
寸法	mått -et =
性	kön -et =
誠意	öppenhet -en -er, uppriktighet -en -er
西欧	Väst Europa
性格	personlighet -en -er
正確な	exakt = -a, noggran/n -t -na
生活	utkomst -en X, liv -et =
生活費	levnadsomkostnad -en -er
世紀	århundrade -t -n
正義	rättvisa -an -or
請求する	kräva: kräv/er -de -t
請求書	faktur/a -an -or
税金	skatt -en -er
清潔な	ren -t -a
制限	begränsning -en -ar
性交	samlag -et =
成功する	lyckas: lyck/as -ades -ats
生産する	producera: producer/ar -ade -at
政治	politik -en X
政治家	politiker -n =
聖書	bib/el -eln -lar
精神	and/a -an -or
精神安定剤	lugnande medel
精神病	sinnesjukdom -en -ar
成績	resultat -et =
製造する	tillverka: tillverk/ar -ade -at, framställa: framställ/er -de -t
ぜいたくな	överdådig -t -a, luxuös -t -a
成長する	växa: väx/er -te -t
生徒	student -en -er, studerande -n =, elev -en -er
青年	ungdom -en -ar
生年月日	födelsedatum -et =
性病	sexuellt överförd sjukdom
政府	regering -en -ar
生命	liv -et =
西洋の	västerländsk -t -a
生理	mens -en -ar, menstruation -en -er
生理痛	mensvärk -en -ar
生理用ナプキン	bind/a -an -or
西暦	efter Kristus
世界	värld -en -ar
席	plats -en -er
咳	hosta -n X
責任がある	vara ansvarlig för: är ansvarlig för -var ansvarlig för -varit ansvarlig för
赤面する	rodna: rodn/ar -ade -at
石油	bensin -en X
赤痢	dysenteri -n X
セクシー	sexig
セーター	tröj/a -an -or
積極的	aktiv
セッケン	tvål -en -ar
接続	anknytning -en -ar
絶対に	väl, absolut
説明する	förklara: förklar/ar -ade -at
節約する	spara: spar/ar -ade -at
設立	establissemang -et =
せまい	trång -t -a
セールスマン	försäljare -n =
ゼロ	noll
セロテープ	tejp -en -er
世話する	ta hand om: tar hand om -tog hand om -tagit hand om
千	tusen
線	linje -n -r
洗顔する	tvätta ansiktet: tvättar ansiktet -tvättade ansiktet -tvättat ansiktet
選挙	val -et =
先月	förra månaden
専攻	huvudämne -t -n
先日	häromdagen
洗剤	tvättmed/el -let, =
戦車	stridsvagn -en -ar
選手	spelare -n =
先週	förra veckan
先生	lärare -n =
戦争	krig -et =
洗濯する	tvätta: tvätt/ar -ade -at
全部	allt, allting
専門学校	speciell skola
ゾウ	elefant -en -er
倉庫	magasin -net =
操作する	operera: operer/ar -ade -at
そうじ	städning -en =
葬式	begavning -en -ar
相談	konsultation -en -er, rådslag -et =
僧侶	munk -en -ar
そこ	där, där borta
底	bott/en -en -nar
そして	och
ソース	sås -en -er
そだてる	växla upp: växer upp -växte upp -växt upp, odla: odl/ar -ade -at
卒業	avläggande av examen
外	utomhus -et =
祖父	farfar (父方), morfar (母方)
祖母	farmor (父方), mormor (母方)
染める	färga: färg/ar -ade -at
空	him/mel -len -lar
剃る	raka: rak/ar -ade -at
それ	den, det
それから	sedan
それぞれの	var, varje
それとも	eller
それら	de
損害	skad/a -an -or
尊敬する	respektera: respekter/ar -ade -at

(た 行)

タイ	Thailand
ダイエットをする	banta: bant/ar -ade -at
体温	kroppstemperatur -en -er
体温計	temomet/er -ern -rar
大学	universitet -et =
大学生	universitetsstudent -en -er
大工	snickare -n =
たいくつな	tråkig -t -a
大使	ambassadör -en -er
大使館	ambassad -en -er
体重	vikt -en -er

退職する	avgå: avgår -avgick -avgått, gå i pension: går i pension -gick i pension -gått i pension
耐水性の	vattenfast = -a
大切な	viktig -t -a
態度がよい	ha ett bra sätt: har ett bra sätt -hade ett bra sätt -haft ett bra sätt
態度が悪い	ha ett dåligt sätt: har ett dåligt sätt -hade ett dåligt sätt -haft ett dåligt sätt
大統領	president -en -er, stadsminist/er -ern -rar
台所	kök -et =
第二次世界大戦	andra världskriget
たいへん	jobbig -t -a, seriös -t -a
大便	avföring -en -ar, bajs -et X
逮捕する	anhålla: anhåller -anhöll -anhållit
題名	tit/el -eln -lar
ダイヤモンド	diamant -en -er
太陽	sol -en -ar
大陸	kontinent -en -er
代理人	ombuds/man -mannen -män
台湾	Taiwan
耐える	bestå: består -bestod -bestått, tåla: tål -tålde -tålt, utstå: utstår -utstod -utstått
タオル	handduk -en -ar
たおれる	kollaspa: kollaps/ar -ade -at, bryta samman: bryter samman -bröt samman -brutit samman
高い(高さ)	hög -t -a
高い(値段)	dyr -t -a
宝くじ	lotteri -et -er
炊く	koka: kok/ar -ade -at
抱く	krama: kram/ar -ade -at
たくさん	många (数), mycket (裏)
タクシー	taxi -n =
タクシー運転手	taxichaufför -en -er
竹	bambu -t X
タコ	bläckfisk (イカと同じ) -en -ar
凧	drak/e -en -ar
確かな(sure)	säker: säk/er -ert -ra
たしかめる	bekräfta: bekräft/ar -ade -at
足す	addera: adder/ar -ade -at, lägga till: lägger till -la till -lagt till
ダース	dussin -et =
たすける	hjälpa: hjälp/er -te -t
たたかう	kämpa: kämp/ar -ade -at, strida: strider -stred -stridit, kriga: krig/ar -ade -at
たたく	slå: slår -slog -slagit, knacka (ドアを): knack/ar -ade -at
たたむ	vika: viker -vek -vikit
ただしい	rätt = -a
立入禁止	tillträde förbjudet
立つ	stå: står -stod -stått
縦	längt -en -er
建物	byggnad -en -er
建てる	bygga: bygg/er -de -t
たとえば	till exempel
他人	främling -en -ar, obekant person
たのしい	rolig -t -a, trevlig -t -a, kul = -a
たのしむ	njuta: njuter -njöt -njutit, ha trevligt: har trevligt -hade trevligt -haft trevligt
タバコ	cigarett -en -er
タバコを吸う	röka: rök/er -te -t
ダブルルーム	dubbelrum -met =
たぶん	kanske, antagligen, förmodligen
食べる	äta: äter -åt -ätit
食べ物	mat -en X
タマゴ	ägg -et =
だます	bedra: bedrar -bedrog -bedragit
たまねぎ	lök -en -ar
ためす	pröva: pröv/ar -ade -at, försöka: försök/er -te -t, testa: test/ar -ade -at
ためらう	tveka: tvek/ar -ade -at
たよる	lita på: litar på -litade på -litat på
たりる	räcka: räck/er -te -t
だれ	vem
痰	slem -met X
短期	kort period
単語	ordförråd -et =, vokabulär -en -er
短所	ofullkomlighet -en -er
誕生日	födelsedag -en -ar
ダンス	dans -en -er
男性	man -nen, män
男性器	penis -en -ar, snopp -en -ar
団体	grupp -en -er
たんぼ	risfält -et =
暖房	kamin -en -er, element -et =
血	blod -et X
痔	hemorrojder
治安がいい	trygg -t -a, säk/er -ert -ra
治安が悪い	farlig -t -a
地位	position -en -er
地域	område -t -n
ちいさい	liten -litet -lilla
チェック(小切手)	check -en -ar
チェックアウト	checka ut
チェックイン	checka in
地下	källare -n =
地下鉄	tunnelban/a -an -or
近い	nära = =
ちがう	annorlunda = =, olik -t -a
近づく	närma sig: närmar sig -närmade sig -närmat sig
地球	Jorden
遅刻する	vara försenad: är försenad -var försenad -varit försenad, komma sent: kommer sent -kom sent -kommit sent
知識	vetenskap -en -er
父	fa/r -dern, fäder, fars/a -an -or, papp/a -an -or
ちぢむ	krympa: krymp/er -te -t
地図	kart/a -an -or
地方	distrikt -et =, religion -en -er
茶	te -et -er
茶色	brun
茶わん	risskål -en -ar
注意	uppmärksamhet -en -er
中学校	gymnasieskol/a -an -or
中級の	medelmåttig -t -a
中国	Kina
中国語	kinesiska
中国人	kines (男性) -en -er, kinesisk/a (女性) -an -or
中国茶	kinesiskt te
中止	avrott -et =
注射	injektion -en -er
駐車する	parkera: parker/ar -ade -at
駐車禁止	parkeringsförbudet
駐車場	parkeringsplats(=p-plats) -en -er
昼食	lunch -en -er
中心	cent/er -ret -rer, centrum -et =
注文する	beställa: beställ/er -de -t
腸	tarm -er -ar
蝶	fjäril -en -ar
長所	förtjänst -en -er
長女	första dotter
朝食	frukost -en -ar
調整する	ordna: ordn/ar -ade -at
チョコレート	choklad -en -er
チョコレートケーキ	chokladkak/a -an -or
彫刻	skulptur -en -er
ちょうど	just

たい→ちょ

ちょ→とも

ちょうどいい .	lagom = =
長男	första son
調味料	krydd/a -an -or
地理	geografi -n -er
治療する	sköta: sköter -skötte -skött
鎮痛剤	smärtstillande medel
ツアー	sällskapsres/a -an -or
追加する	addera: adder/ar -ade -at, lägga till: lägger till -la till -lagt till
(〜に)ついて ..	om
通貨	valut/a -an -or
通過する	passera: passer/ar -ade -at
通訳	tolka: tolk/ar -ade -at, översätta muntligt: översätter muntligt -översatte muntligt -översatt muntligt
つかう	använda: an/vänder -vände -vänt
つかまえる ...	gripa: griper -grep -gripit, fånga: fång/ar -ade -at
つかれる	tröttna: tröttn/ar -ade -at
つかれた	trött = -a
月	månad -en -er
月(天体)	mån/e -n -ar
次	nästa
机	skrivbord -et =
つくる	göra: gör -gjorde -gjort
つける	foga: fog/ar -ade -at, bifoga: bifog/ar -ade -at
土	gyttj/a -an -or
つづく	fortsätta: fortsätter -fortsatte -fortsatt
つづける	fortsätta: fortsätter -fortsatte -fortsatt
つなぐ	binda: binder -band -bundit, knyta: knyter -knöt -knutit
妻	hustru -n -r, fru -n -ar
つまらない	tråkig -t -a
罪	skuld -en -er
爪	nag/el -eln -lar
つめたい	kall -t -a
つよい	stark -t -a
つらい	hår/d -t -da, jobbig -t -a, besvärlig -t -a
釣り	fiske -t -n
つり銭	väx/el -eln -lar
手	hand -en, händer
提案	förslag -et =
Tシャツ	T-shirt -en -s, T-tröj/a -an -or
ディスコ	disko -t -n
ていねい	artig -t -a
でかける	gå ut: går ut -gick ut -gått ut
〜できる	kunna: kan -kunde -kunnat
〜できない ...	kunna inte: kan inte -kunde inte -inte kunnat (語順に注意)
手紙	brev -et =
出口	utgång -en -ar
デザイン	design -en X
デザート	efterrätt -en -er
手数料	kommission -en -er
鉄	järn -et =
てつだう	hjälpa: hjälp/er -te -t
手続き	steg -et =
鉄道	järnväg -en -ar
鉄道駅	järnvägsstation -en -er
テニス	tennis -en X
手荷物	handbagage -t =
デパート	varuhus -et =
てぶくろ	handsk/e -en -ar
テーブル	bord -et =
出る	gå ut: går ut -gick ut -gått ut
テレビ	TV, teve -n -ar
テレビチャンネル	TV-kanal -en -er
テレビ番組 ..	TV-program -met =
店員	affärsbiträde -t -n
天気	väd/er -ret -ren
天気予報	väderprognos -en -er
電気	elektricitet -en X
電圧	elkraft -en -er
天国	him/mel -len -lar
伝言	meddelande -t -n
電車	tåg -et =
伝染病	smittsam sjukdom
電池	batteri -et -er
電灯	elektrisk lampa
伝統的な	traditionell -t -a
電話	telefon -en -er
電話帳	telefonkatalog -en -er
電話する	ringa: ring/er -de -t
電話番号	telefonnummer -ret =
ドアー	dörr -en -ar
トイレ	toalett -en -er
トイレットペーパー	toalettpapper -et =
どういたしまして	Var så god. (日常的) Det var så lite så. Ingen orsak.
とうがらし ...	chilli
陶器	porslin -et -er
東京	Tokyo
どうぞ〜してください	Var snäll och 〜.
到着する	anlända: anlän/der -de -t, ankomma: ankommer -ankom -ankommit
到着時間	ankomsttid -en -er
盗難	rån -et =
糖尿病	diabetes, sockersjuk/a -an -or
豆腐	tofu
同封する	bifoga: bifog/ar -ade -at
動物	djur -et =
動物園	zoo -t -n
トウモロコシ	majs -er X
どうやって?	Hur?
東洋	Orienten
東洋の	orientalisk -t -a
登録する	registera: registrer/ar -ade -at
遠い	lång -t -a
通り	gat/a -an -or
毒	gift -en -er
独学する	studera ensam: studerar ensam -studerade ensam -studerat ensam, läsa ensam: läser ensam -läste ensam -läst ensam
特産物	specielitet -en -er
読書	läsning -en -ar
独身	sing/el -eln -lar
得する	dra nytta: drar nytta -drog nytta -dragit nytta
特徴的な	karakteristisk -t -a
独特な	söreg/en -et -na
特別な	speciell -t -a
時計(腕時計) .	armbandsur -et =
時計(置時計) .	klock/a -an -or
どこ	var
ところで	för övrigt, förresten
閉じる	stänga: stäng/er -de -t
都市	stad -en, städer
歳	år -et =
歳上の	äldre: = = (gammalの比較級)
歳下の	yngre: = = (ungの比較級)
歳とった	gammal -gammalt -gamla
図書館	bibliotek -et =
トースト	rostat bröd
突然に	plötsligt
隣りの	nästa = =
飛ぶ	flyga: flyger flög flugit
徒歩	till fots
トマト	tomat -en -er
止まる	stanna: stann/ar -ade -at
泊まる	stanna: stann/ar -ade -at, bo bo/r -dde -tt:
ドミトリー ...	sovsal -en -ar
友達	kompis -en -ar, vän -nen -ner, kamrat -en -er

(102)

土曜日	lördag -en -ar
トラ	tig/er -ern -rar
ドライクリーニング	kemitvätt -en -er
トラック	lastbil -en -ar
トランプ	kortspel -et =
鳥	fåg/el -eln -lar
とり替える	byta: byt/er -te -t
とり消す	avbeställa: avbeställ/er -de -t
とり肉	kyckling -en -ar
努力する	anstränga sig: ansträng/er -de -t
取る	ta: tar -tog -tagit
ドル	dollar -n
どれ?	Vilken?, Vilket?, Vilka?
泥棒	tjuv -en -ar
トンネル	tunn/el -eln -lar

な 行

ない	Det finns inte.
内線	anknytning -en -ar
ナイフ	kniv -en -ar
内容	innehåll -et =
直す	laga: lag/ar -ade -at
治る	bota: bot/ar -ade -at
中	insid/a -an -or
中指	långfing/er -ret -rar
長い	lång -t -a
長い間	under lång tid (肯定文), på länge (否定文)
ながれる	rinna: rinner -rann -runnit
流れ星	stjärnfall -et =, stjärnskott -et =
泣く	gråta: gråter -grät -gråtit
なくす	förlora: förlor/ar -ade -at
なぐる	slå: slår -slog -slagit
投げる	kasta: kast/ar -ade -at
ナス	aubergine -n -r
なぜ?	Varför?
なぜならば	eftersom, därför att
夏	sommar -en, somrar
夏休み	sommarlov -et =
7	sju
なに?	Vad?, Vad då?
ナベ	pann/a -an -or
生の	rå
名前	namn -et =
波	våg -et -or
なみだ	tår -en -ar
悩む	bekymra sig: bekymrar sig -bekymrade sig -bekymrat sig, oroa sig: oroar sig -oroade sig -oroat sig
習う	lära sig: lär sig -lärde sig -lärt sig

慣れる	vänja sig: vänjer sig -vande sig -vant sig
何個	Hur många?
何時	Hur dags?
何時間	Hur lång tid?
何種類	Hur många sorter?
何人	Hur många personer?
難民	flykting -en -ar
2	två
2月	februari
にがい	bitt/er -ert -ra
にぎやかな	bullrig -t -a, hög/ljudd -tt -dda
肉	kött -et X
肉屋	köttaffär -en -er
にげる	fly: fly/r -dde -tt
西	väster
ニセモノ	imitation -en -er
日曜日	söndag -en -ar
日記	dag/bok -boken -böcker
似ている	vara lik: är lik -var lik -varit lik
似ていない	vara inte lik: är inte lik -var inte lik -inte varit lik (語順注意)
にぶい	slö -tt -a
日本	Japan
日本円	japansk yen
日本語	japanska
日本酒	sake
日本食	japansk mat
日本人	japan (男性) -en -er, japansk/a (女性) -an -or
荷物	bagage -t =
ニュース	nyhet -en -er
尿	urin -en X
煮る	koka: kok/ar -ade -at
庭	gård -en -ar
人気がある	populär -t -a
人気がない	impopulär -t -a
人形	dock/a -an -or
人間	människ/a -an -or
妊娠している	gravid = -a
人数	antal människor
妊婦	gravid kvinna
脱ぐ	klä av sig: klär av sig -klädde av sig -klätt av sig
盗む	stjäla: stjäler -stal -stulit
布	tyg -et -en
塗る	måla: mål/ar -ade -at
値打ちがある	värdefull -t -a
ネコ	katt -en -er
ネズミ	mus -en, möss
値段	pris -et =
熱が出る	ha feber: har febre -hade feber -haft feber
値引き	rabatt -en -er
ねむい	sömnig -t -a
寝る	sova: sover -sov -sovit
年金	pension -en-er
ネンザする	vricka: vrick/ar -ade -at
年収	årsinkomst -en -er
年齢	åld/er -ern -rar
脳	hjärn/a -an -or
農業	jordbruk -et =
農民	bonde -n, bönder
能力	förmåg/a -an X
のこり	rest -en -er
覗く	kika: kik/ar -ade -at
望む	önska: önsk/ar -ade -at
ノート	antecknings/bok -boken –böcker
のどが渇く	var törstig: är törstig -var törstig -varit törstig
登る	klättra: klättr/ar -ade -at
飲む	dricka: dricker -drack -druckit
飲み物	dryck -en -er
乗る	åka: åk/er -te -t, stiga in: stiger in -steg in -stigit in
乗り換える	byta: byt/er -te -t

は 行

歯	tand -en, tänder
葉	löv -et =
バー	bar -en -er
肺	lung/a -an -or
灰	aska -n X
はい (肯定)	ja
～倍	~ gång (複数は gånger)
灰色	grå -tt =
ハイキング	fotvandring -en -ar
灰皿	askfat -et =
歯医者	tandläkare -n =
売春	prostitution -en
俳優	skådespelare -n =
入る	gå in: går in -gick in -gått in
ハエ	flug/a -an -or
バカ	dum
計る	mäta: mät/er -te -t
吐く	kränkas: kränk/s -tes -ts
履く	ha på sig: har på sig -ade på sig -haft på sig
爆竹	smällare -n =
爆発する	explodera: exploder/ar -ade -at
博物館	muse/um -et -er
ハゲた	skallig -t -a

日本語	Svenska	日本語	Svenska	日本語	Svenska
バケツ	hink -en -ar	はり紙	affisch -en -er	ビデオテープ	videoband -et =
箱	låd/a -an -or	春	vår -en -ar	ひどい	fruktansvär/d -t -da
はこぶ	bära: bär -bar -burit	貼る	klistra: klistr/ar -ade -at	等しい	lika = =
はさみ	sax -en -ar	晴れ	solig -t -a	ひとりっ子	enda barnet
端	kant -en -er	パワー	kraft -en -er	一人で	på egen hand
橋	bro -n -ar	パン	bröd -et =	ビニール	plast -en -er
箸	pinn/e -en -ar	晩	kväll -en -ar	避妊薬	preventivedel -et =, födelsekontroll -en -er
はじめる	börja: börj/ar -ade -at, sätta i gång: sätter i gång -satte i gång -satte i gång	範囲	skal/a -an -or	皮膚	hud -en -ar
		ハンカチ	näsduk -en -ar	皮膚の色	hudfärg -en -er
		反感	antagonism -en X	ひまな	ledig -t -a
はじめて	första gången	番号	num/mer -ret =	秘密	hemlighet -en -er
場所	plats -en -er	犯罪	brott -et =	日焼けした	solbrän/d -t -da
走る	springa: springer -sprang -sprungit	ハンサム	snygg -t -a, gullig -t -a	費用	kostnad -en -er, uppgift -en -er
		反対する	opponera sig: opponerar sig -opponerade sig -opponerat sig		
バス	buss -en -ar			美容院	frisör -en -er
はずかしい	förläg/en -et -na, skamlig -t -a	反対側	andra sidan		
バスタブ	badkar -et =	パンティー	underbyxor, tros/a -an -or	病院	sjukhus -et =
パスポート	pass -et =	半島	halvö -n -ar	病気	sjukdom -en -ar
パソコン	dator -n -er	半月(天体)	halvmån/e -en -ar	表現する	uttrycka: uttryck/er -te -t
旗	flagg/a -an -or	半年	halvår	標準	standard -en -er
バター	smör -et X	ハンドバック	handväsk/a -an -or	昼	lunch -en -er
はだかの	nak/en -et -na	半日	halvdag	昼休み	lunchrast -en -er
はたらく	jobba: jobb/ar -ade -at, arbeta: arbet/ar -ade -at	犯人	lagbrytare -n =	ビル	byggnad -en -er
		ハンバーガー	hamburgare -n =	ビール	öl -et X
8	åtta	パンフレット	broschyr -en -er	広い	bre/d -tt -da
8月	augusti	半分	halv/a -an -or	広場	torg -et =
蜂	bi -et =	パン屋	bageri -et -er	ビン	flask/a -an -or
ハチミツ	honung -en X	火	eld -en -ar	ピンク	rosa
発音	uttal -et =	ピアノ	piano -t -n	貧血	anemi -t X
バック	väsk/a -an -or	比較する	jämföra: jämför -de -t	品質	kvalitet -en -er
発行する	publicera: publicera/r -ade -at	東	öster	貧乏な	fatti/g -t -ga
発車する	avgå: avgår -avgick -avgått, avresa: avres/er -te -t	光	ljus -et =	ファッション	klädmode -t -n
		引き受ける	åta sig: åtar sig -åtog sig -åtagit sig	フィルム	filmrull/e -en -ar
発車時刻	avgångstid -en -er			風刺	satir -en -er
発展途上国	U-land -et, U-länder	引く	dra: drar -drog -dragit	夫婦	par -et =
パーティー	fest -en -er	低い	låg -t -a	封筒	kuvert -et =
ハデな	prålig -t -a	ピクニック	picknick -en -er	フェリー	färj/a -an -or
鼻	näs/a -an -or	ヒゲ	skägg -et =	ふえる	öka: ök/ar -ade -at
鼻水	näsblod -et X	ヒゲそり	rakhyv/el -eln -lar, rakapparat -en -er	フォーク(食器)	gaff/el -eln -lar
花	blomm/a -an -or			フォークソング	folksång -en -er
話す	prata: prat/ar -ade -at, tala: tal/ar -ade -at	飛行機	flyg -et X, flygplan -et =	深い	djup -t -a
		ヒザ	knä -et -t	不可能な	omöjlig -t -a
バナナ	banan -en -er	美術	konst -en -er	服	kläder
母	mo/r -dern, mödrar, mors/a -an -or, mamm/a -an -or	美術館	konstgalleri -et -er	複雑な	komplicera/d -t -de
		秘書	sekreterare -n =	腹痛	ont i magen
		非常口	nödutgång -en -ar	ふくむ	ingå: ingår -ingick -ingått
ハブラシ	tandborst/e -en -ar	ヒスイ	jade -n X	不景気	depression -en -er
パーマ	permanent	左	vänster	不幸な	olycklig -t -a
ハミガキ粉	tandkräm -en -er	ひっこす	flytta: flytt/ar -ade -at	侮辱する	förolämpa: förolämp/ar -ade -at
速い	snabb -t -a	ひっぱる	dra: drar -drog -dragit	不親切な	taskig -t -a
早い	tidig -t -a	必要とする	behöva: behöv/er -de -t	ふせぐ	hindra: hindr/ar -ade -at
払う	betala: betal/ar -ade -at	ビデオデッキ	videobandspelare -n =	フタ	lock -et =

ブタ	gris -en -ar
ブタ肉	griskött -et X
ふたたび	igen
普通な	normal -t -a, vanlig
二日酔い	bakrus -et =
二日酔いである	vara bakfull: är bakfull -var bakfull -varit bakfull
仏教	buddhism
ブドウ	vindruv/a -an -or
不得意である	vara dålig på: är dålig på -var dålig på -varit dålig på
ふとった	tjock -t -a
船	fartyg -et =
船酔い	sjösjuk/a -an -or
不法な	illegal -t -a
不眠症な	sömnlös -t -a
ブーム	boom -en -er
ふやす	öka: ök/ar -ade -at
冬	vint/er -ern -rar
ブラウス	blus -en -ar
ブラシ	kam -men -mar
ブラジャー	behå -n =
プラスティック	plast -en -er
プラチナ	platina -n X
フランス	Frankrike
～が降る	ffala: faller -föll -fallit
古い	gammal -gammalt -gamla
ブレスレット	armsband -et =
プレゼント	present -en -er
風呂	bad -et =
糞	bajs -et X
～分(時間)	~ minut -en -er
文化	kultur -en -er
文学	litteratur -en -er
文法	grammatik -en -er
平均的で	i genomsnitt
兵士	soldat -en -er
閉店する	stänga: stäng/er -de -t
平和	frid -en X
ページ	sid/a -an -or
へそ	nav/el -eln -lar
ペット	husdjur -et =
ベッド	säng -en -ar
ヘビ	orm -en -ar
部屋	rum -met =
減る	minska: minsk/ar -ade -at
ベルト	bälte -t -n
ペン	penn/a -an -or
勉強する	plugga: plugg/ar -ade -at, läsa: läs/er -te -t
偏見	fördom -en -ar
変更する	ändra: ändr/ar -ade -at
返事	svar -et =
ヘンな	konstig
便秘	förstoppning -en -ar
返品する	lämna tillbaka: lämnar tillbaka -lämnade tillbaka -lämnat tillbaka
方言	dialekt -en -er
ぼうし	hatt -en -ar
宝石	smycke -t -n
方法	sätt -et =
法律	lag -en -ar
ほかの	annan, annat, andra
ポケット	fick/a -an -or
保険	försäkring -en -ar
星	stjärn/a -an -or
(～が)欲しい	Jag vill ha ~
干す	torka: tork/ar -ade -at
ポスト	brevlåd/a -an -or
細い	smal -t -a, tun/n (髪など) -t -a
ホットコーヒー	varmt kaffe
ホットシャワー	varm dusch
ホテル	hotell -et =
ほとんど	nästan
ほとんど全部	nästan alla
ボーナス	bonus -en X
骨	ben -et =
ほほ	kind -en -er
ほほえみ	leende -t -n
ボランティア	volontär -en -er
掘る	gräva: gräv/er -de -t
ボールペン	kulspetspenn/a -an -pr
本	bok -en, böcker
香港	Hong Kong
ほんとうに	verkligen
本屋	bokhand/el -eln -lar
翻訳する	översätta: översätter -översatte -översatt
まくら	huvudkudd/e -en -ar
マグロ	tonfisk -en -ar
負ける	förlora: förlor/ar -ade -at
孫	barnbarn -et =
まずい(食べ物)	äcklig -t -a
まずい	fattig -t -a
まだ～ある	Det finns ~ kvar.
まだ～ない	Det finns inte ~ ännu
まちがい	fel -et =
待つ	vänta (på): vänt/ar –ade -at
マッサージをする	massera: masser/ar -ade -at
まっすぐ	rakt fram
祭	festival -en -er
～まで	tills ~
窓	fönst/er -ret =
まにあう	hinna: hinner -hann -hunnit
マネる	imitera: imiter/ar -ade -at
まもなく	snart, strax
豆	bön/a -an -or
麻薬	drog -en -er
まゆげ	ögonbryn -et =
まるい	run/d -t -da
まるで～	som ~
万	tio tusen
満足する	bli nöjd: är nöjd -var nöjd -varit nöjd
満腹な	mätt = -a
右	höger
みじかい	kort = -a
水	vatt/en -net =
湖	sjö -n -ar
水着	baddräkt -en -er
店	affär -en -er
(～を)見せる	visa ~ : vis/ar –ade -at
見せて!	Visa det !
道	väg -en -ar
みつける	hitta: hitt/ar -ade -at
緑色	grön -t -na
皆(みな)	alla
南	söder
みにくい	ful -t -a
ミネラルウォーター	mineralvatt/en -net =
身分証明書	legitimation -en -er
見本	prov -et =
耳	ör/a -an -or
脈拍	plus -en -ar
みやげ	souvenir -en -er
未来	framtid -en -er
見る	se: ser -sog -sett, titta: titt/ar -ade -at
ミルク	mjölk -en X
ムシ	insekt -en -er
無職	arbetslöshet -en -er
むずかしい	svår -t -a
息子	son -en, söner
娘	dott/er -ern, döttrar
胸	bröst -et =
村	by -n -ar
紫	lila
ムリな	omöjlig -t -a
無料	gratis
目	ög/a -at -on
メガネ	glasögon -en X
めったに～ない	sällan
メニュー	meny -n -er

(105)

めんどくさい	jobbig -t -a
儲ける	tjäna: tjän/ar -ade -at
燃える	brinna: brinner -brann -brunnit
目的	mål -et =
木曜日	torsdag -en -ar
もし〜	om ~
もしもし	hallå
持ち主	ägare -n =
もちろん	naturligtvis, förstås, självklart
持っている	ha: har -hade -haft
持っていく	ta med sig: tar med dig -tog med sig –tagit med sig, ha med sig: har med sig -hade med sig -haft med sig
持ってくる	hämta: hämt/ar -ade -at
物	sak -en -er
森	skog -en -ar

や行

野球	baseboll
約（およそ）	cirka, ungefär
焼く	bränna: bränner -brände -bränt, steka: stek/er -te -t
約束	löfte -t –n
役に立つ	vara nyttig: är nyttig -var nyttig -varit nyttig
野菜	grönsak -en -er
易しい	lätt = -a, enk/el -elt -la
安い	billig -t -a
優しい	snäll -t -a
家賃	hyravgift -en -er
薬局	apotek -et =
破る	bryta: bryter -bröt -brutit
山	berg -et =
やわらかい	mjuk -t -a
遊園地	nöjespark -en -er
優勝	seg/er -ern -rar
友情	vänskap -en -er
夕食	middag -en -ar
郵送する	skicka: skick/ar -ade -at
郵便局	postkontor -et =
郵便番号	postnum/mer -ret =
有名な	kän/d -t -da, beröm/d -t -da
床	golv -et =
雪	snö -n X
輸出	export -en -er
ゆっくり	långsam -t -ma
ゆでる	koka: kok/ar -ade -at
輸入	import -en -er
指	fing/er -ret -rar
指輪	ring -en -ar
夢	dröm -men -mar
夢をみる	drömma: dröm/mer -de -t
ユーモア	humör -et =
良い	bra = =, go/d -tt -da
用意する	förbereda: förbere/der -dde -tt
余暇	semest/er -ern -rar
予想	gissning -en -ar
よごれる	bli smutsig: blir smutsig -blev smutsig -blivit smutsig
よぶ	kalla kalla: kall/ar -ade -at
読む	läsa: läs/er -te -t
予約	bokning -en -ar
夜	natt -en, nätter
よろこぶ	bli glad: blir glad -blev glad -blivit glad
ヨーロッパ	Europe
弱い	svag -t -a
4	fyra

ら行

来月	nästa månad
来年	nästa år
ライム	limefrukt -et er
ラジオ	radio -n -r
理解する	förstå: förstår –förstod -förstått, fatta: fatt/ar -ade -at
離婚	skillmäss/a -an -or
理想の	idealisk -t -a
理由	anledning -en -ar
留学する	studera utomlands: studerar utomlands -studerade utomlands -studerat utomlands
留学生	utbytesstudent -en -er
寮	korridor -en -er
両替する	växla: växl/ar -ade -at
料金	avgift -en -er
両方	båda
料理	mat -en X, matlagning -en -er
料理する	laga mat: lagar mat -lagade mat -lagat mat
旅券番号	passnum/mer -ret =
旅行	res/a -an -or
旅行者	turist -en -er
旅行代理店	turisbyrå -n -er
リンゴ	äpple -t -n
ルームメイト	rumkompis -en -ar
例	exemp/el -let =
冷蔵庫	kylskåp -et =
歴史	histori/a -an -er
レストラン	restaurang -en -er
-t列車	tåg -et =
ロウソク	ljus -et =
労働者	arbetare -n =
6	sex
6月	juni
録音する	spela i bandet: spelar i bandet -spelade i bandet -spelat i bandet

わ行

ワイン	vin -et -er
赤ワイン	rödvin -et -er
白ワイン	vitvin -et -er
若い	ung -t -a
沸かす	koka: kok/ar -ade -at
わがまま	självisk -t -a
わかれる	skilja: skiljer -skilde -skilt
忘れる	glömma: glöm/mer -de -t
私	jag
私たち	vi
私の	min, mitt, mina
わたす	ge: ger -gav -gett, lämna: lämn/ar -ade -at
ワニ	krokodil -en -er
わらう	skratta: skratt/ar -ade -at
割引き	rabatt -en -er
悪い	dålig -t -a
湾	ström -men -mar

第4部

スウェーデン語→日本語 単語集

第4部では、約2500の単語を収録しています。
旅行者にとって必要度の高い言葉、深い内容を話すための言葉を
厳選しています。

記号解説

-ar、-en、-er、-nなどは、
名詞の単数定形と
複数不定形の語尾を示します。

=は単複数同形または不変化、
Xは複数形がないもの。

動詞は不定形で書いています。

a

absolut	絶対に
addera	加える、足す、追加する
adress -en -er	住所
affisch -en -er	はり紙
affär -en -er	店
affärs/man -mannen -män	実業家
affärsarbete -t -n	営業職
affärsbiträde -t -n	店員
Afrika	アフリカ
AIDS	エイズ
Aj !	痛い！
aktiebolag -et =	株式会社
aktiv	活発な
aktiv	積極的
alkohol -en X	酒
all	すべて
alla	皆（みな）
alldeles nyss	たった今さっき
allergi -en -er	アレルギー
allmän	一般的な
allmän toalett	公衆トイレ
allt	全部
alltid	ずっと
allting	全部
alltid	いつも
allvarlig	深刻な
allvarligt skadad	重体な
almanack/a -an -or	カレンダー
ambassad -en -er	大使館
ambassadör -en -er	大使
ambulans -en -er	救急車
Amerika	アメリカ
amulett trollmedel	お守り
and/a -an -or	精神
andra	ほかの
andra dotter	次女
andra sidan	反対側
andra son	次男
andra världskriget	第二次世界大戦
anemi -t X	貧血
ange	知らせる
angenäm	気持ちいい
anhålla	逮捕する
ank/a -an -or	アヒル、鴨
anknytning -en -ar	接続、内線
ankomma	着く
ankomsttid -en -er	到着時間
anledning -en -ar	理由
anlända	到着する
annan	ほかの
annorlunda	ちがう
ansike -t -n	顔
anstalt -en -er	施設
anstränga sig	努力する
ansökan =,ansökningar	申請
antaga	仮定する
antagligen	たぶん
antagonism -en X	反感
antal människor	人数
antecknings/bok -boken -böcker	ノート
anus -n =	肛門
använda	つかう
ap/a -an -or	サル
apelsin -en -er	オレンジ
apotek -et =	薬屋
apotek -et =	薬局
apotekare -n -	薬剤師
april	4月
aptit -en X	食欲
arbeta	はたらく
arbetare -n =	労働者
arbetslöshet -en -er	無職
arkitekt -en -er	建築士
arkitektur -en -er	建築
arm	かわいそう
armbandsur -et =	腕時計
armé -n -er	軍隊
armsband -et =	ブレスレット
arrangerad bröllop	お見合い結婚
artig	ていねい
asiat -en -er	アジア人
Asien	アジア
aska -n X	灰
askfat -et =	灰皿
atombomb -en -er	原子力爆弾
atomkraft -en -er	原子力
aubergine -n -r	ナス
augusti	8月
Australia	オーストラリア
automat -en -er	自動
avancera	進学する
avbeställa	キャンセルする、とり消す
avbeställning -en -ar	キャンセル
avbeställningsskydd -et X	キャンセル料保険
avböja	ことわる
avföring -en -ar	大便
avgift -en -er	料金、運賃
avgå	引退する、発車する、退職する、出発する
avgångshall -en -ar	出発ロビー
avgångstid -en -er	出発時間、発車時刻
avläggande av examen	卒業
avresa	出発する、発車する
avrott -et =	中止
avsändare -n -	差出人
avsky	きらい
avstånd -et =	距離
avtal -et =	契約、条約
avundas	うらやむ、嫉妬する
avundsjuk	うらやましい
ax/el -eln -lar	肩

b

baby -n -ar	赤ちゃん
back/e -en -ar	坂
backa	さがる（うしろに）
bad -et =	風呂
baddräkt -en -er	水着
badkar -et =	バスタブ
bagage -t =	荷物
bageri -et -er	パン屋
bajs -et X	糞
bajsa	うんちをする
bakelse -n -r	ケーキ
bakre del	後ろ
bakrus -et =	二日酔い
baksid/a -an -or	裏
bakterie -n -r	細菌
bambu -t X	竹
banan -en -er	バナナ
bank -en -ar	銀行
bankkonto -t -n	口座
bankkontonum/mer -ret =	口座番号
bankomatkort -et =	キャッシュカード
banta	ダイエットをする
bar -en -er	バー
barn -et =	こども
barnbarn -et =	孫
barnslig	こどもっぽい
bas -en -ar	基地
baseboll	野球
bastu -n -r	サウナ

batteri -et -er	電池	binda	つなぐ	början = X	最初
be	いのる、おがむ	bio -n X	映画館	bra	良い、上手な、いい
be om ursäkt	誤る	bistå	援助する	brand -et =	火事
bedra	だます	bita	噛む	brandkår -en -er	消防車
befolkning -en -ar	人口	bitter	にがい	bred	広い
befria	解放する	bjuda	さそう	brev -et =	手紙
begavning -en -ar	葬式	blanda	かきまぜる	brevlåd/a -an -or	ポスト
begränsning -en -ar	制限	bli arbetslös	失業する	brinna	こげる、燃える
behå -n =	ブラジャー	bli arg	怒る	bro -n -ar	橋
behöva	要る	bli förvånad	おどろく	bror(=broder) -n	兄弟
behöva inte	いらない	bli galen	気が狂う	broschyr -en -er	パンフレット
beklaglig	惜しい	bli glad	よろこぶ	brott -et =	犯罪
beklämmande	気が重い	bli imponerad (på)	あこがれる	bråka	ケンカする
bekräfta	確信する、たしかめる	bli nöjd	満足する	bränna	焼く
bekväm	気持ちいい	bli smutsig	よごれる	bröd -et =	パン
bekymra	心配する、悩む	bli spänd	緊張する	bröder	兄弟
bekymra sig	困る	bli svartsjuk	嫉妬する	bröllop -et =	結婚式
ben -et =	骨	bli trött (på)	飽きる	bröllopsgäst -en -er	結婚招待客
benbrott -en =	骨折	bli äcklad	うんざりする	bröst -et =	胸
bensin -en x	石油	bli överraskad	おどろく(嬉しいこと)	brun	茶色
bensin -en X	ガソリン	blod -et X	血	bry sig (om)	気になる
bensinstation -en -er	ガソリンスタンド	blodgrupp -en -er	血液型	bry sig inte (om)	気にしない
berg -et =	山	blodprov -et =	血液検査	bryta	こわれる、破る、折る
berömd	有名な	blodtryck -et =	血圧	bryta samman	たおれる
beskåda	見学する	blomm/a -an -or	花	buddhism	仏教
besläktad	（〜に）関する	blomma	咲く	bullrig	うるさい、にぎやかな
besvärlig	つらい	blödning -en -ar	出血	burkmat -en X	缶づめ
bestå	耐える	blus -en -ar	ブラウス	buss -en -ar	バス
beställa	注文する	blyertspenn/a -an -or	エンピツ	by -n -ar	村
bestämd dag	期日	blyg	気が小さい	bygga	建てる
bestämma	決める	blå	青い	byggnad -en -er	建物、ビル
besöka	訪れる	bläckfisk -en -ar	イカ、タコ	byta	とり替える、乗り換える、交換する、変える
betala	払う	bo	住む、泊まる		
betyg -et =	証明書	bok -en , böcker	本	byx/a -an -or	ズボン
beundra	あこがれる、感心する	bokhand/el -eln -lar	本屋	båda	両方
bevis -et =	証拠	bokning -en -ar	予約	bälte -t -n	ベルト
bi -et =	蜂	bolag -et =	会社	bära	はこぶ
bib/el -eln -lar	聖書	bonde -n , bönder	農民	bästis -en -ar	親友
bibliotek -et =	図書館	bonus -en X	ボーナス	bön/a -an -or	豆
bidra (till)	寄付する	boom -en -er	ブーム		
bifoga	つける、同封する	bord -et =	テーブル	**C**	
bil -en -ar	自動車	borta	治る	café -et -er	喫茶店
bild -en -er	絵	boskap -en X	家畜	canc/er -ern -rar	ガン
biljettkontroll -en -er	改札口	boss -en -ar	上司	cd-skiv/a -an -or	CD
biljettpris -et =	運賃	botanisk trädgård	植物園	cent/er -ret -rer	中心
billig	安い	bott/en -en -nar	底	centrum -et =	中心
bind/a -an -or	生理用ナプキン	bott/en -nen -nar	下	chans -en -ar	機会
binda	しばる	börja	はじめる	chaufför -en -er	運転手

check -en -ar	チェック(小切手)	dialekt -en -er	方言	därför att	なぜならば
checka in	チェックイン	diamant -en -er	ダイヤモンド	dö	死ぬ
checka ut	チェックアウト	diarré -n -er	下痢	döda	殺す
chilli	とうがらし	diarrémedicin -en -er	下痢止め	dölja	かくす
choklad -en -er	チョコレート	dikt -en -er	詩	dörr -en -ar	ドアー
chokladkak/a -an -or	チョコレートケーキ	dimm/a -an -or	霧	döttrar	娘
cigarett -en -er	タバコ	din	あなたの		
cirka	約(およそ)	diplom -et =	賞		

e

Coca-Cola	コカコーラ	diplomati -en -er	外交	effekt -en -er	効果
cyk/el -eln -lar	自転車	direkt	素直な	efter Kristus	西暦
		direktör -en -er	重役, 支配人, 監督	eftermiddag -en -ar	午後

d

		diska	洗う(食器を)	efterrätt -en -er	デザート
dag/bok -boken -böcker	日記	disko -t -n	ディスコ	eftersom	なぜならば
dam -en -er	女	distrikt -et =	区, 地方	egentligen	実際は
damm -en -ar	池	djup	深い	ekonomi -n -er	経済
dans -en -er	踊り、ダンス	djur -et =	動物	ekonomisk kris	経済危機
dansa	踊る	dock/a -an -or	人形	ekonomisk policy	経済政策
dataspel -et =	コンピューターゲーム	doktor -n -er	医者	ekonomisk tillväxt	経済成長
dator -n -er	コンピューター、パソコン	dokument -et =	書類	eld -en -ar	火
de	彼ら、それら	doft -en -er	香り	elefant -en -er	ゾウ
december	12月	dollar -n	ドル	elegant	上品な
deklarationsblankett -en -er	申告書	domna	しびれる	element -et =	暖房
deltidsjobb -et =	アルバイト	domstol -en -ar	裁判所	elektricitet -en X	電気
den	それ、あれ	dott/er -ern , döttern	娘	elektrisk lampa	電灯
den där	あれ	dra	引く、ひっぱる	elkraft -en -er	電圧
den där personen	あの人	dra nytta	得する	eller	あるいは、それとも
den här	あの、この、これ、ここ	dram/a -at -er	劇	embarkationskort -et =	出国カード
den här gången	今度(今回)	drak/e -en -ar	凧	en dag	一日
den senaste	最新	dricka	飲む	en gång	1回
denna	この、これ	driva	経営する	en tur och retur biljett	往復切符
denna gång	今回	drog -en -er	麻薬	en vecka	1週間
denna månad	今月	dröm -men -mar	夢	en	1
denna vecka	今週	drömma	夢をみる	enda barnet	ひとりっ子
det	これ、それ、あれ	dryck -en -er	飲料水	engelska	英語
det där	あれ	dryck -en -er	飲み物	England	イギリス
det här	あの、この、これ、ここ	du	おまえ、あなた	enkel biljett	片道切符
detta	この、あれ、これ	dubbelrum	ダブルルーム	enkel	簡単な, 易しい, 地味な
depression -en -er	不景気	duktig	上手な、上手い	enkelrum -met =	シングルルーム
design -en X	デザイン	dum	バカ	ensam	孤独な、さびしい
desinficektion -en -er	消毒	dusch -en -ar	シャワー	ensidig	一方的
Det finns ~ kvar.	まだ〜ある	dussin -et =	ダース	enskild	個人の
Det finns inte ~ ännu	まだ〜ない	dyr	高い(値段)	enslig	さびしい
Det finns inte.	ない	dysenteri -n X	赤痢	enveten	しつこい
det förflutna	過去	dålig behandling till sina		envis	頑固な
Det var så lite så.	どういたしまして	föräldrar	親不孝	epost -en -er	Eメール
detaljerad	くわしい	dålig	悪い	er	あなたの
detaljhandel -n X	小売り	där	そこ	erfara	経験する
diabetes	糖尿病	där borta	そこ	erfarenhet -en -er	経験

erinra	思い出させる	film -en -er	映画
ersätta	代わる	filmrull/e -en -ar	フィルム
establissemang -et =	設立	filmstjärn/a -an -or	スター
etnisk minoritetsgrupp	少数民族	fin	うつくしい、きれいな
ett	1	fing/er -ret -rar	小指、指
ett/a -an -or	いちばん	finnas	居る
Europe	ヨーロッパ	firmanställd -a -a	会社員
evenemang -et =	行事	fisk -en -ar	魚
evighet -en -er	永久	fiskaffär -en -er	魚屋
exakt	正確な	fiske -t -n	釣り
exemp/el -let	例	fjäril -en -ar	蝶
exentrisk person	変わり者	fjärt -en -ar	おなら
explodera	爆発する	flagg/a -an -or	旗
export -en -er	輸出	flask/a -an -or	ビン
expresståg -et =	急行列車	flick/a -an -or	女の子、少女
extravagant	ぜいたくな	flitig	勤勉な
		flod -en -er	川

f

fa/r -dern , fäder	父	fly	にげる
fabrik -en -er	工場	flyg -et X	飛行機
fabrikarbetare -t =	工員	flyga	飛ぶ
fantastisk	すばらしい	flygbiljett -en -er	航空券
faktur/a -an -or	請求書	flygbolag -et =	航空会社
falla	落ちる、〜が降る、落とす	flyggvärdinn/a -an -or	スチュワーデス
		flygplan -et =	飛行機
familj -en -er	家族	flygplats -en -er	空港
farbro/r -dern, farbröder	おじ(父方)	flygpost -en -er	航空便
farfa/r -dern , farfäder	祖父(父方)	flygskatt -en -er	空港税
farlig	あぶない、治安が悪い	flygtidning -en -ar	機内誌
farmo/r -dern , farmödrar	祖母(父方)	flykting -en -ar	難民
fars/a -an -or	父	flyta	浮く
fart -en -er	スピード	flytta	ひっこす、移す
fartyg -et =	船	flyttning -en -ar	移籍
fast/er -ern -rar	おば(父方)	foga	つける
fatta	理解する	folk -et =	国民
fattig	貧乏な、まずしい	folketspark -en -er	国立公園
febernedsättande	解熱剤	folksång -en -er	フォークソング
februari	2月	form -en -ar	形
feg	気が小さい	formell överenskommelse	契約
fel -et =	欠点、まちがい、失敗	fornlämning -en -ar	遺跡
fem	5	forska	研究する
fest -en -er	パーティー、宴会	fort	速い
festival -en -er	祭	fortsätta	つづく、つづける、維持する
fett -et -er	脂肪	fosterlandskärlek -en -ar	愛国心
fick/a -an -or	ポケット	fot -en , fötter	足
ficklamp/a -an -or	懐中電灯	fotboll -er -ar	サッカー
ficktjuv -en -ar	スリ	fotbollslag -et =	サッカーチーム
fik -et =	喫茶店	fotbollsplan -en -er	サッカーグラウンド

foto -t -n	写真
fotoaffär -en -er	写真屋
fotoförbudet	撮影禁止
fotograf -en -er	カメラマン
fotografering tillåten	撮影可
fotvandring -en -ar	ハイキング
fram och tillbaka	往復
framkalla	現像する
framkallning -en -ar	現像
framsid/a -an -or	表
framställa	製造する
framtid -en -er	将来、未来
frank	素直な
Frankrike	フランス
fredag -en -ar	金曜日
frid -en X	平和
fridag -en -er	休日
frihet -en -er	自由
frimärke -t -n	切手
frisör -en -er	散髪、美容院
fritera	揚げる
front -en -er	正面
fru -n -ar	奥様、妻
frukost -en -ar	朝食
frukt -en -er	くだもの
fruktansvärd	ひどい
fruktträdgård -en -ar	果樹園
frysa	こおる
fråg/a -an -or	疑問、質問
frånvaro -n X	欠席
främling -en -ar	外国人
främling -en -ar	他人
fuktig	湿度のある、しめった
futting	くだらない
ful	みにくい
fyra	4
få	すこし
få	得る、受け取る
få tillbaka	回復する
fåg/el -eln -lar	鳥
fånga	つかまえる
fåordig	口が重い
fängelse -t -r	刑務所
färg -en -er	色
färga	染める
färgfilmrull/e -en -ar	カラーフィルム
färglös	うすい(色)
färj/a -an -or	フェリー

er → fä

färsk	新しい、新鮮な
föda	産む
föda upp	飼う
födas	生まれる
födelsedag -en -ar	誕生日
födelsedatum -et =	生年月日
födelseort -en -er	郷土
födelsekontroll -en -er	避妊薬
fönst/er -ret =	窓
fönsterluck/a -an -or	シャッター
för övrigt	ところで
förakt -et =	軽べつ
förakta	軽べつする
föräld/er -ern -rar	親
förändras	変わる
förare -n X	運転手
förbättra	改良する
förbereda	用意する、準備する
förbud -et =	禁止
fördom -en -ar	偏見
fördrag -et =	条約
företag -et =	会社
företagschef -en -er	社長
författning -en -ar	憲法
förfölja	追う
förföra	口説く
förgänglig	腐りやすい
förhandla	交渉する
förhållande -t -n	関係
förklara	説明する
förkylning -en -ar	風邪
förkylningsmedicin -en -er	風邪薬
förlägen	はずかしい
förlänga	延長する
Förlåt!	ごめんなさい
förlora	なくす、負ける、失う
förlora medvetandet	気を失う
förlossning -en -ar	出産
förlova sig	婚約する
förmiddag -en -ar	午前
förmåg/a -an X	才能、能力
förmoda	仮定する
förstås	もちろん
förmodligen	たぶん
förolämpa	侮辱する
förorening -en -ar	公害
förort -en -er	郊外
förra året	去年
förra månaden	先月
förra veckan	先週
förresten	ところで
förråda	裏切る
förskol/a -an -or	小学校
förslag -et =	提案
första dotter	長女
första gången	はじめて
första son	長男
första våningen	1階
för/stad -staden -städer	郊外
förstoppning -en -ar	便秘
förstå	理解する
försvinna	消える
förtjänst -en -er	長所
förvänta sig	期待する
försäkring -en -er	保険
försäljäre -n =	セールマン
försöka	ためす

g

gaff/el -eln -lar	フォーク(食器)
galen hund	狂犬病犬
gammal	歳とった、古い
gardin -en -er	カーテン
gas -en -er	ガス
gat/a -an -or	通り
gatukorsning -en -ar	交差点
ge	贈る、あげる、わたす
ge upp	あきらめる
geografi -n -er	地理
gift	既婚の
gift -en -er	毒
gifta sig	結婚する
gilla	好き
gissning -en -ar	予想
giva	あげる(人に)
glad	うれしい、明るい(性格)
glas -et =	ガラス
glasögon -en X	メガネ
glida	すべる
glömma	忘れる
god	良い、おいしい
God dag!	こんにちは(丁寧)
god doft	いい香り
God natt!	おやすみなさい
godhet -en -er	恩
golf -en X	ゴルフ
golv -et =	床
gorma	さけぶ
gosse -en -ar	あいつ
gram -met =	グラム
grammatik -en -er	文法
grann/e -en -ar	近所の人
gratis	無料
Grattis!	おめでとう
gratulera	いわう
Gratulera!	おめでとう
gravid	妊娠している
gravid kvinna	妊婦
gripa	つかまえる
gris -en -ar	ブタ
griskött -et X	ブタ肉
grod/a -an -or	カエル
grund -en -er	地面
grupp -en -er	団体
gräla	しかる
gräs -et =	草
gräva	掘る
grå	灰色
gråta	泣く
grön	緑色
grönsak -en -er	野菜
gröt -en -ar	粥
Gud	神
guida	案内する
guide -n -r	ガイド
guide/bok -boken -böcker	ガイドブック
gul	黄色
guld -et X	金
gullig	カッコいい、ハンサム
gurk/a -an -or	キュウリ
gymnasieskol/a -an -or	高校、中学校
gynekologavdelning -en -ar	産婦人科
gyttj/a -an -or	土
gå (till fots)	行く(歩いて)
gå in	入る
gå in pension	借金
gå sönder	故障する
gå ut	でかける、出る
gå ut och leka	退職する
gå ut och roa sig	遊びに行く
gå vidare i utbildningen	進学する
gå över	超える
gång	～倍(複数はgånger)
gång -en -er	～回

gård -en -ar	庭
gäld -en X	遊びに行く(子供が)
gäst -en -er	客、宿泊客
gästhem -met =	ゲストハウス
gästrum -met =	ゲストルーム
gömma	かくす
gömma sig	かくれる
göra	おこなう、つくる
göra i ordning	準備する
göra om	くり返す
göra sitt bäst	がんばる

h

ha	持っている
ha bråttom	いそぐ
ha diarré	下痢をする
ha en god tur	運がいい
ha en kärleksaffär	浮気する
ha ett bra sätt	態度がよい
ha ett dåligt sätt	態度が悪い
ha feber	熱が出る
ha intresse	興味がある
ha med sig	持っていく
ha något emot	気になる
ha på sig	履く
ha reda på	知る
ha trevligt	たのしむ
hallå	もしもし
halv/a -an -or	半分
halvdag	半日
halvmån/e -en -ar	半月(天体)
halvår	半年
halvö -n -ar	半島
hamburgare -n =	ハンバーガー
han	彼
han/e -en -ar	オス
hand -en, händer	手
handbagage -t	手荷物
handduk -en -ar	タオル
handikappad person	身体障害者
handla	買う
handling -en -ar	書類
handsk/e -en -ar	てぶくろ
handväsk/a -an -or	ハンドバック
hatt -en -ar	ぼうし
hav -et X	海
Hej!	こんにちは
Heja!	がんばれ!
hela	すべて
hela livet	一生
hela tiden	ずっと
helgdag -en -ar	祭日
hem -met =	家庭
hem/stad -staden -städer	故郷
hemkomst -en -er	帰国
hemlagad	自家製(料理など)
hemlig kod	暗証番号
hemlighet -en -er	秘密
hemmagjort	自家製(物など)
hemorrojder	痔
hepatit -en -er	肺炎
him/mel -len -lar	空、天国
hindra	ふせぐ
hink -en -ar	バケツ
hinna	まにあう
histori/a -an -er	歴史
historisk plats -en -er	旧跡
hitta	みつける
HIV	エイズ
hjälpa	たすける、てつだう、
	援助する
hjälpa att	～してあげる
hjält/e -en -ar	英雄(男性)
hjältinn/a -an -or	英雄(女性)
hjärn/a -an -or	脳
hjärta -t -n	心、心臓
Hjärtliga hälsnigar!	おめでとう
hobby -n -er	趣味
Holland	オランダ
hon	彼女
Hong Kong	香港
honung -en X	ハチミツ
hoppas	希望する
hosta -n X	咳
hotell -et =	ホテル
hud -en -ar	皮膚
hudfärg -en -er	皮膚の色
hudra tusen	万
hugga	切る
humör -et	ユーモア
hund -en -ar	犬
Hur ?	どうやって?
Hur dags ?	何時
Hur lång tid ?	何時間
Hur mycket kostar det ?	いくら
Hur många ?	いくつ、何個
Hur många personer ?	何人
Hur många sorter ?	何種類
Hur mår du ?	元気ですか?
Hur är det ?	元気ですか?
Hur är läget ?	元気ですか?(スラング)
hus -et =	家
husdjur -et =	ペット
hushåll -et =	家事
hustru -n -r	主婦、奥様、妻
huvud -et =	頭
huvud/stad -staden -städer	首都
huvudkudd/e -en -ar	まくら
huvudvärk -en -ar	頭痛
huvudämne -et -n	専攻
hygienisk	衛生的な
hypertoni	高血圧
hyr/a -an -or	使用料
hyra	貸す
hyravgift -en -er	家賃
hyresavgift -en -er	使用料
hål -et -en	穴
hålla	維持する
hån -et X	軽べつ
hår -et =	髪、毛
hård	硬い、つらい
hälsa -n X	健康
hälsning -en -ar	あいさつ
hälsobrunn -en -ar	温泉
hälsodryck -en -er	健康飲料
hälsokontroll -en -er	健康管理
hälsokost -en X	健康食品
hälsosam	健康的な
hämta	持ってくる
hänsyn till sina föräldrar	親孝行
här	ここ
häromdagen	先日
häst -en -ar	馬
hästkapplöpning -en -ar	競馬
hävd -en -er	習慣
hög byggnad	高層ビル
höger	右
högljudd	声が大きい
högljudd	うるさい、にぎやかな
högt blodtryck	高血圧
höjd -en -er	身長、高い(高さ)
höra	聞く
höst -en -ar	秋

i

i dag	今日
i fjöl	去年
i förrgår	おととい
i genomsnitt	平均的で
i går	昨日
i går kväll	昨晩
i kväll	今晩
i morgon	明日
i morse	今朝
i själva verket	実は
i veckan	今週
i år	今年
i övermorgon	あさって
ideal	理想の
idrottplats -en -er	競技場
idé -n -er	アイディア
igen	ふたたび
ihållande	しつこい
illa	池
illaluktande	くさい
illamående	気持ち悪い
illegal	不法な
imitation -en -er	ニセモノ
imitera	マネる
impopulär	人気がない
import -en -er	輸入
impotens -en -ar	インポテンツ
inbjuda	さそう
inbjudan = , inbjudningar	招待
Indien	インド
Indonesien	インドネシア
industri -en -er	工業
inflammation -en -er	炎症
inflation -en -er	インフレ
inflytande -t -n	影響
information -en -er	情報
informera	知らせる
ingefär/a -an -or	しょうが
Ingen orsak.	どういたしまして
ingenjör -en -er	エンジニア
ingrediens -n -r	材料
ingå	ふくむ
ingå ett vad	賭ける
ingång -en -ar	入り口
injektion -en -er	注射
inkomst -en -er	収入
innehåll -et =	内容
insekt -en -er	ムシ
insid/a -an -or	中
institution -en -er	学部、施設
intelligent	かしこい
Internet	インターネット
intressant	おもしろい
intryck -et =	印象、感想
is -en -ar	氷
iskaffe -t X	アイスコーヒー
islam	イスラム教
islamisk person	イスラム教徒
Italien	イタリア

j

ja	はい(肯定)
jade -n X	ヒスイ
jag	俺、私
Jag vill ha	(〜が)欲しい
januari	1月
Japan	日本
japan -en -er	日本人(男性)
japansk mat	日本食
japansk yen	日本円
japansk/a -an -or	日本人(女性)
japanska	日本語
jazz -en X	ジャズ
jeans	ジーンズ
jobb -et =	仕事
jobba	はたらく
jobbig	めんどくさい、たいへん、つらい
jordbruk -et =	農業
Jorden	地球
jordgubb/e -en -ar	イチゴ
jounalist -en -er	ジャーナリスト
juice -n -r	ジュース
jul -en -ar	クリスマス
juli	7月
juni	6月
just	ちょうど
jämföra	比べる、比較する
järn -et =	鉄
järnväg -en -ar	鉄道
järnvägsstation -en -er	鉄道駅

k

kackerlack/a -an -or	ゴキブリ
kafé -et -er	喫茶店
kak/a -an -or	ケーキ
kalend/er -ern -rar	カレンダー
kalkylera	計算する
kall	さむい、つめたい
kalla	よぶ
kam -men -mar	くし(櫛)、ブラシ
kamer/a -an -or	カメラ
kamin -en -er	暖房
kamrat -en -er	友達
kan ~	〜できる
kan inte ~	〜できない
Kanada	カナダ
kanske	たぶん
kant -en -er	端
kapitalism -en X	資本主義
kapitalist -en -er	資本家
karakteristisk	特徴的な
kart/a -an -or	地図
kasettband -et =	カセットテープ
kasino -t -n	カジノ
kasta	投げる
kasta bort	すてる
katolik -en -er	カトリック
katt -en -er	ネコ
kemi -n X	化学
kemitvätt -en -er	ドライクリーニング
kika	覗く
kilogram -met =	キログラム
kilomet/er -ern -rar	キロメートル
Kina	中国
kind -en -er	ほほ
kines -en -er	中国人(男性)
kinesisk medicin	漢方薬
kinesisk/a -an -or	中国人(女性)
kinesiska	中国語
kinesiskt te	中国茶
kirurg -en -er	外科医
kirurgi -n X	外科
kiss -et X	しょうべん
kittla	くすぐる
kittlig	くすぐったい
kjol -en -ar	スカート
klaga	苦情を言う
klaga	抗議する
klara tentan	合格する
klassisk musik	クラシック音楽
klasskamrat -en -er	クラスメート

klasskompis -en -ar	クラスメート
kliande	かゆい
klibba	くっつける
klibba sig fast	くっつく
klimat -et =	気候
klistra	貼る
klock/a -an -or	置時計
klok	頭がいい、かしこい
klubb -en -ar	クラブ
klä av sig	脱ぐ
klä om	着替える
klä på sig	着る
kläder	服
klädmode -t -n	ファッション
klättra	登る
knacka	たたく(ドアを)
kniv -en -ar	ナイフ
knyta	しばる
knä -et -t	ヒザ
ko -n -r	牛(雌)
kock -en ar	コック
koka	炊く、煮る、ゆでる、沸かす
kol -et =	炭
koler/a -an -or	コレラ
kollaspa	たおれる
koloni -n -er	植民地
komma	来る
komma ihåg	覚えている、思い出す
komma inte ihåg	覚えていない
komma ogilla	嫌になる
komma sent	おくれる、遅刻する
kommission -en -er	手数料
kompis -en -ar	友達
komplicerad	複雑な
koncentrationsförmåg/a -an -or	集中力
koncentrera	集中する
kondaktör -en -er	車掌
kondition -en -er	条件
kondom -en -er	コンドーム
konferens -en -er	会議
konsert -en -er	コンサート
konst -en -er	芸術、美術
konstgalleri -et -er	美術館
konstig	奇妙な、ヘンな
konstnär -en -er	芸術家
konstruktion -en -er	工事
konstverk -et =	芸術品
konsultation -en -er	相談
kontaktlins -en -er	コンタクトレンズ
kontinent -en -er	大陸
kontokort -et =	クレジットカード
kontor -et =	事務所
kopiera	コピーする、印刷する
kopp -en -ar	コップ
Korea	韓国
koreanska	韓国語
korg -en -ar	カゴ
korridor -en -er	寮
korsning -en -ar	交差点
kort	みじかい
kort -et =	カード
kort period	短期
kortspel -et =	トランプ
kosmetika -n X	化粧品
kostnad -en -er	費用
kostym -en -er	スーツ
krabb/a -an -or	カニ
kraft -en -er	パワー
krag/e -en -ar	エリ
krama	抱く
kreditkort -et =	クレジットカード
krig -et =	戦争
kriga	たたかう
kristendom -en X	キリスト教
krokodil -en -er	ワニ
kropp -en -ar	からだ
kroppstemperatur -en -er	体温
krydd/a -an -or	香辛料、調味料
krympa	ちぢむ
kränkas	吐く
kräva	請求する
kul	たのしい
kulspetspenn/a -an -pr	ボールペン
kultur -en -er	文化
kund -en -er	客
kundtjänst -en -er	サービスカウンター
kung -en -ar	王様
kuvert -et =	封筒
kvadrat -en -er	四角
kvalitet -en -er	品質
kvinn/a -an -or	女性、女
kvitta	気にしない
kväll -en -ar	晩
kyckling -en -ar	とり肉
kylare -n =	クーラー(冷却器)
kylig	すずしい
kylskåp -et =	冷蔵庫
kyrk/a -an -or	教会
kyss -en -ar	キス
källare -n =	地下
kämpa	たたかう
Kämpa!	がんばれ!
känd	有名な
känna sig lättnad	気が楽になる
känna sig matt	気が遠くなる
käns/el -eln X	感覚
känsl/a -an -or	感情、気持ち
kärlek -en -ar	愛、恋
kärnkraft -en -er	原子力
kärnkraftverk -et =	原子力発電所
kärnreaktor -n -er	原子炉
kärnvapenprov -et =	原子力兵器実験
kök -et =	台所
kön -et =	性
köp/man -mannen -män	商人
köpa	買う
kör -er -er	合唱
köra	運転する
körkort -et =	運転免許証
körsbärsblomm/a -an -or	サクラの花
körsbärsträd -et =	サクラの木
kött -et X	肉
köttaffär -en -er	肉屋

l

lag -en -ar	法律
laga	修理する
laga	直す
laga mat	料理する
lagbrott -et =	違反
lagbrytare -n =	犯人
lagom	ちょうどいい
lakan -et =	シーツ
land -et , länder	国
landa	降りる(飛行機から)
landsgräns -en -er	国境
landskap -et =	景色
lapp -en -ar	紙幣
lastbil -en -ar	トラック
laxermed/el -let =	下痢
leda	案内する
ledig	空いている、ひまな
ledig sittplats	自由席

Swedish	Japanese	Swedish	Japanese	Swedish	Japanese
ledsen	悲しい	lång	長い	man -nen , männen	男、男性、夫
leende -t -n	笑顔、ほほえみ	långfing/er ret -rar	中指	marin -en -er	海軍
legitimation -en -er	身分証明書	långsam	ゆっくり	mars	3月
leka	遊ぶ（子供が）	långsam	おそい（速度）	maskin -en -er	機械
leksak -en -er	おもちゃ	långt	遠い	massera	マッサージをする
lektion -en -er	授業	låsa	カギをかける	mat -en X	ごはん
leta efter	探す	låta	〜させる	mat -en X	食べ物、料理
lev/er -ern -rar	肝臓	lägenhet -en -er	アパート	match -en -er	試合
leva	生きる	lägga	置く	matematik -en X	算数
levnadsomkostnad -en -er	生活費	lägga till	加える、足す、追加する	matlagning -en -ar	料理
lexikon -et =	辞書	läkare -n =	医者	matlust -en X	食欲
liberalisering -en -ar	自由化	läkarundersökning -en -ar	診察、あずける	maträtt -en -er	おかず
lika	等しい	lämna	わたす	matsmältningsbefordrande medel	胃腸薬
lila	紫	lämna landet	出国する	matte -n X	算数
lillafing/er -ret -rar	くすり指	lämna tillbaka	返す、返品する	matvrak -et =	食いしんぼう
lillasyst/er -ern -rar	妹	län -et =	県	maximal	最大な
lillebro/r -dern , bröder	弟	länder	国	meddela	知らせる
limefrukt -et er	ライム	längt -en -er	縦	meddelande -t -n	伝言
linje -n -r	線	läpp -en -ar	くちびる	medelmåttig	中級の
lita på	信頼する、たよりにする	läppstift -et =	口紅	medicin -en -er	薬
lite	すこし	lära	教える	medlemskap -et =	会員
liten	ちいさい	lära sig	習う	medlemskort -et =	会員証
litteratur -en -er	文学	lärare -n =	教師、先生	melon -en -er	ウリ
liv -et =	命、生命、生活	läro/bok -boken -böcker	教科書	men	しかし
livlig	元気な	läsa	読む、勉強する	mening -en -ar	意味
livstid -en -er	一生	läsa ensam	独学する	mens -en -ar	生理
ljud -et =	音	läse/bok -boken -böcker	教科書	mens -en X	月経
ljus	明るい	läsning -en -ar	読書	menstruation -en -er	生理、月経
ljus -et =	光、ロウソク	lätt	軽い、簡単な、易しい	mensvärk -en -ar	生理痛
ljust hår	金髪	lättnad -en -er	安心	meny -n -er	メニュー
lock -et =	フタ	läx/a -an -or	宿題	merit -en -er	資格
lotteri -et -er	宝くじ	löfte -t -n	約束	middag -en -er	夕食
luft -en X	空気	lögn -en -er	うそ	middagsbjudning -en -ar	宴会
luftkonditionering -en -ar	エアコン	lök -en -ar	たまねぎ	midj/a -an -or	腰
luftrörskatarr -en -er	気管支炎	lön -en -er	給料	militär -en -er	軍人
lugnande medel	精神安定剤	lördag -en -ar	土曜日	militärbas -en -er	軍人基地
lunch -en -er	昼食	lösa	解決する	miljö -n -er	環境
lunchrast -en -er	昼休み	löv -et =	葉	miljöförstöring -en -ar	環境破壊
lung/a -an -or	肺			miljöskydd -et X	環境保護
luxuös	豪華な	**m**		miljösöndring -en -er	環境破壊
lyck/a -an -or	幸福	mack/a -an -or	サンドウィッチ	min	私の
lyck/a -an X	しあわせ	mag/e -en -ar	胃	mina	私の
Lycka till!	がんばれ！	magasin -et=	雑誌	mineralvatt/en -net =	ミネラルウォーター
lyckas	成功する	magasin -net =	倉庫	minimum -et =	最小
lyfta	上げる（上に）	magsäck -en -ar	胃（胃袋）	minnas	覚えている
låd/a -an -or	箱	maj	5月	minne -n -t	思い出、記念
låg	声が小さい、低い	majs -er X	トウモロコシ	minnesdag -en -ar	記念日
låna	借りる	mamm/a -an -or	母	minska	減る

missförstå	誤解する
missförstånd -et =	食い違い
misstänka	疑う
misstänksam	あやしい
mista	うしなう
mitt	私の
mjuk	やわらかい
mjöl -et X	小麦粉
mjölk -en X	牛乳
mo/r -dern , mödrar	母
mobiltelefon -en -er	携帯電話
modig	気が大きい
moln -et =	雲
molnig	くもり
morbro/r -dern, bröder	おじ(母方)
morfa/r -dern , morfärder	祖父(母方)
morgon -en -ar	朝
mormo/r -dern , mormödrar	祖母(母方)
mors/a -an -or	母
most/er -ern -rar	おば(母方)
mot ~	～行き
motionera	運動する
motor -n -er	エンジン
motorcyk/el -eln -lar	オートバイ
motorväg -en -ar	高速道路
mottaga	受け取る
mottagande -t -n	受付
mun -nen -nar	口
munk -en -ar	僧侶
mus -en , möss	ネズミ
muse/um -et -er	博物館
musik -en X	音楽
musikinstrument -et =	楽器
musk/el -eln -ler	筋肉
mycket	いっぱい(量)、多い
mycket hårt	一生懸命に
mygg/a -an -or	蚊
mynt -et =	硬貨
må bra	気分がいい
må dåligt	気分が悪い
må illa	気分が悪い
mål -et =	食事、目的
måla	塗る
mån/e -n -ar	月(天体)
månad -en -er	月
månatlig avbetalning	月賦
måndag -en -ar	月曜日
många	いっぱい(数)、多い
mått -et =	寸法
män	男、男性、夫
människ/a -an -or	人間
mäta	計る
mätt	お腹が一杯な
möd/a -an -or	苦労
möjlighet -en -er	可能
mörk	暗い
möta	会う

n

nack/e -en -ar	首
nag/el -eln -lar	爪
naken	はだかの
namn -et =	氏名、名前
nationalekonomi -n -er	経済学
nationalflagg/a -an -or	国旗
nationalitet -en -er	国籍
nationalsång -en -er	国歌
natt -en , nätter	夜
nattklubb -en -ar	ナイトクラブ
natur -en -er	自然
naturlig resurs	資源
naturligtvis	あたり前な、もちろん
nav/el -eln -lar	へそ
nej	いいえ
nerv -en -ar	神経
nervös	神経質
ni	あなたたち、あなた
nio	9
njur/e -en -ar	腎臓
njuta	たのしむ
noggrann	正確な
noll	ゼロ
normal	普通な
norr	北
november	11月
nu	今、現在
nu för tiden	今、現在
num/mer -et =	数
num/mer -ret =	数字、番号
numera	現在
nuvarande	現在
ny	新しい
nybörjare -n =	初級
nyck/el -eln -lar	カギ
nyfikenhet -en -er	好奇心
nygift par	新婚カップル
nygift person	新婚さん
nyhet -en -er	ニュース
nyligen	最近
nyss	さっき
nyår -et =	正月
när	いつ
nära	近い
närhet -en X	近所
näring -en -ar	栄養
närma sig	近づく
näs/a -an -or	鼻
näsblod -et X	鼻水
näsduk -en -ar	ハンカチ
nästa	次、隣りの
nästa gång	今度(次回)
nästa månad	来月
nästa år	来年
nästan	ほとんど
nästan alla	ほとんど全部
nätt	かわいい
nödsituation -en -er	緊急
nödutgång -en -ar	非常口
nöjespark -en -er	遊園地

o

oartig	失礼な
obekant person	他人
obekväm	気持ち悪い
och	そして
odla	そだてる
off/er -ret -er	犠牲
ofta	しばしば
ofullkomlighet -en -er	短所
ogilla	きらい
ohyfsad	行儀が悪い
ohyfsad	失礼な
oktober	10月
olik	ちがう
olika	いろいろ
olj/a -an -or	油
olyck/a -an -or	事故
olycklig	不幸な
om	見学する
om ~	もし～、(～に)ついて
ombuds/man -mannen -män	代理人
omgivning -en -ar	景色
område -t -n	地域
omöjlig	不可能な、ムリな

omönstrad	地味な	
onani -en -er	オナニー	
onsdag -en -ar	水曜日	
ont i magen	腹痛	
operation -en -er	手術	
operera	操作する	
opponera sig	反対する	
ord -et =	ことば	
ord/bok -boken -böcker	辞書	
ordentlig	行儀がいい	
ordförråd -et =	単語	
ordknapp	口が重い	
ordna	調整する	
ordspråk -et =	ことわざ	
orientalisk	東洋の	
Orienten	東洋	
orm -en -ar	ヘビ	
oroa sig	心配する、悩む	
orsak -en -er	原因	
oskuld -en -er	処女	
otacksamhet -en -er	恩知らず	
ovan	上の	
ovanlighet -en -er	異常	
oxe -n -ar	牛（去勢）	
oxkött -et X	牛肉	

p

paket -et =	小包	
pann/a -an -or	ナベ	
pantlånare -n =	質屋	
papp/a -an -or	父	
papper -et =	紙	
papperskorg -en -ar	くずカゴ	
par -et =	夫婦	
parant	オシャレな	
paraply -et -er	カサ	
parasit -en -er	寄生虫	
parfym -en -er	香水	
parfymflask/a -an -or	香水ボトル	
park -en -er	公園	
parkera	駐車する	
parkeringsförbudet	駐車禁止	
parkeringsplats (=p-plats) -en -er	駐車場	
pass -et =	パスポート	
passa	合う	
passagerare -n =	乗客	
passera	通過する	
passnum/mer -ret	旅券番号	

patient -en -er	患者	
patriotism -en -er	愛国心	
paus -en -er	休憩	
peka	指す	
pengar	おカネ（通常複数）	
penis -en -ar	男性器	
penn/a -an -or	ペン	
pension -en -er	年金	
peppar -n X	コショウ	
period -en -er	期間	
permanent	パーマ	
personlighet -en -er	性格	
piano -t -n	ピアノ	
picknick -en -er	ピクニック	
pigg	元気な	
pinn/e -en -ar	箸	
plan -en -er	計画	
plast -en -er	ビニール、プラスティック	
platina -n X	プラチナ	
plats -en -er	席、場所	
plikt -en -er	義務	
plugga	勉強する	
plus -en -ar	脈拍	
plågsam	くるしい	
plån/bok -boken -böcker	サイフ	
plötsligt	突然に	
pojk/e -en -ar	男の子、少年	
polis -en -er	警察官	
polis -en X	警察	
polischef -en -er	警察署長	
polishund -en -ar	警察犬	
polisskol/a -an -or	警察学校	
polisstation -en -er	警察署	
politik -en X	政治	
politiker -n =	政治家	
populär	人気がある	
porslin -et -er	陶器	
position -en -er	地位	
postkontor -et =	郵便局	
postnum/mer -ret	郵便番号	
potatis -en -ar	ジャガイモ	
praktik -en -er	研修	
praktikant -en -ar	研修医	
prata	話す	
pratsam	口が軽い	
pratsjuk	口が軽い	
preparera	準備する	
present -en -er	プレゼント	

presentera	紹介する	
president -en -er	大統領	
pressa	しぼる	
pressa	押す	
preteritum	過去（文法）	
preventivedel -et =	避妊薬	
pris -et -er	賞品	
pris -et =	賞、値段	
privat	私立の、個人の	
producera	生産する	
promenera	散歩する、あるく	
prostitution -en	売春	
prov -et =	見本	
prova	試着する	
prålig	ハデな	
pröva	ためす	
publicera	発行する	
pump	失礼な	
pump/a -an -or	カボチャ	
på den tiden	あの頃	
på egen hand	一人で	
på länge	長い間（否定文）	
på senaste tiden	最近	
påminna sig	思い出す	
päls -en -ar	毛皮	
pärl/a -an -or	真珠	

r

rabatt -en -er	値引き、割引き	
rabies	狂犬病	
rackartyg -et =	いたずら	
radergummi -t -n	消しゴム	
radio -n -r	ラジオ	
raka	剃る	
rakapparat -en -er	ヒゲそり	
rakhyv/el -eln -lar	ヒゲそり、カミソリ	
rakkniv -en -ar	ヒゲそり、カミソリ	
rakt fram	まっすぐ	
rakt på sak	素直な	
rap -et =	ゲップ	
rapa	ゲップする	
ras -en -er	人種	
rasdiskriminering -en -ar	人種差別	
reception -en -er	受付	
redan	すでに	
reg/el -eln -ler	規則	
regering -en -ar	政府	
regissör -en -er	監督	

registera	登録する
regn -et =	雨
regöring -en -ar	クリーニング
reklam -en -er	広告
reklambyrå -n -ar	広告代理店
rekommendation -en -er	推薦
relation -en -er	関係
religion -en -er	宗教
religion -en -er	地方
religionfrihet -en -er	宗教の自由
remittera	仕送りする
ren	清潔な、純粋な
rent guld	純金
rent silver	純銀
repetera	くり返す
res/a -an -or	旅行
respektera	尊敬する
rest -en -er	のこり
restaurang -en -er	レストラン
restaurangvagn -en -ar	食堂車
resultat -et =	結果、成績
resväsk/a -an -or	スーツケース
revolution -en -er	革命
rik man	金持ち
riktnum/mer -et =	市外局番
ring -en -ar	指輪
ringa	電話する
rinna	ながれる
ris -et X	米
risfält -et =	たんぼ
riskokare -n =	炊飯器
risplant/a -an -or	稲
risskål -en -ar	茶わん
rita en bild	絵をかく
roa sig	遊ぶ
rodna	赤面する
rolig	おもしろい、たのしい
roman -en -er	小説
romanförfattare -n =	小説家
ropa	さけぶ
rosa	ピンク
rostat bröd	トースト
rum -met =	部屋
rumkompis -en -ar	ルームメイト
rund	まるい
rundlag -et X	憲法
rundtur -en -er	観光
ruttna	腐る
rykte -t -n	噂
rå	生の
rå fisk	刺身
rådslag -et =	相談
rån -et =	盗難
rånare -n =	強盗
räcka	たりる
räk/a -an -or	エビ
räkenskap -en -er	会計
räkna	数える、計算する
räknare -en =	計算機
räkneapparat -en -er	計算機
rätt	ただしい
rättighet -en -ar	権利
rättvis/a -an -or	公平、正義
röd	赤い
rödvin -et -er	赤ワイン
rök -en -ar	けむり
röka cigaretter	タバコを吸う
rökförbudet	禁煙席
röra	さわる
röra sig bakåt	さがる(うしろに)
röst -en -er	声

S

safir -en -er	サファイア
sak -en -er	物
sake	日本酒
sakna	恋しがる
sallad -en -er	サラダ
salt	しおからい
salt -et -er	塩
samarbeta	協力する
samhälle -t -n	社会
samla	集める
samlag -et =	性交
samlas	集まる
samma	同じ
samtal -et =	会話
sand -en X	砂
sandal -en -er	サンダル
sanning -en -ar	真実
sashimi	刺身
satir -en -er	風刺
sax -en -ar	はさみ
Schweiz	スイス
se	見る
sed/el -eln -lar	紙幣
sedan	それから
seg/er -ern -rar	優勝
sekreterare -n =	秘書
semest/er -ern -rar	休暇、余暇
sen	おそい(時間)
senare	あとで
sensation -en -er	気持ち
september	9月
seriös	深刻な、たいへん
serveringsavgift -en -er	サービス料
servitris -en -er	ウェイトレス
servitör -en -er	ウェイター
sex	6
sexig	セクシー
sexuellt överförd sjukdom	性病
shampo -t -n	シャンプー
sharp	するどい
shopping -en -ar	買い物
sid/a -an -or	ページ
sight -seeing -en -ar	観光
silke -t -n	絹
silv/er -ret X	銀
simma	泳ぐ
simning -en X	水泳
sin bästa kompis	親友
sing/el -eln -lar	独身
Singapore	シンガポール
sinnesjukdom -en -ar	精神病
sista	最後の
sista gången	最後
sitta	すわる
sittplats -en -er	座席
sittplatsnum/mer -ret =	座席番号
sju	7
sjukdom -en -ar	病気
sjukhus -et =	病院
sjuksköt/are -n =	看護士
sjuksköters/ka -an -or	看護婦
sjunga	歌う
sjunka	しずむ
själv	自分
självisk	勝手な、わがまま
självklart	もちろん
sjö -n -ar	湖
sjösjuk/a -an -or	船酔い
skad/a -an -or	損害
skad/a -an -or	傷、ケガ
skada	傷つける

skal/a -an -or	範囲	
skallig	ハゲた	
skamlig	はずかしい	
skatt -en -er	税金	
sked -en -ar	スプーン	
skicka	郵送する、送る	
skicka pengar	仕送りする	
skicklig	上手い	
skidåkning	スキー	
skilja	わかれる	
skillnad -en -er	差	
skillsmäss/a -an -or	離婚	
skinn -et =	皮	
skiva	切る	
skjort/a -an -or	シャツ	
sko -n -r	靴	
skoaffär -en -er	靴屋	
skog -en -ar	森	
skoj -et =	じょうだん	
skol/a -an -or	学校	
skolplikt -en -er	義務教育	
skratta	わらう	
skrika	さけぶ	
skriva	書く、記入する	
skriva in i	記入する	
skriva ut	印刷する	
skrivbord -et =	机	
skryt -et X	自慢	
skryta	自慢する	
skräddarsy	仕立てる	
skrämmande	こわい	
skräp -et X	ゴミ	
skugg/a -an -or	影	
skuld -en -er	罪、借金	
skulptur -en -er	彫刻	
skygg	気が小さい	
skylt -en -ar	看板	
skägg -et =	ヒゲ	
skämt -et =	じょうだん	
skära	切る	
skådespel -et -en	劇	
skådespelare -n =	俳優	
Skål !	乾杯	
sköldpadd/a -an -or	亀	
skön	気持ちいい	
skönhetsklinik -en -er	エステ	
sköta	治療する	
slant -en -ar	硬貨	
slem -met X	痰	
slid/a -an -or	女性器	
slockna	消える(火が)	
slum -men X	スラム	
slumområde -t -n	スラム街	
slumpvis	いいかげんな	
slut -et =	終わり	
sluta	終わる	
sluta röka	禁煙する	
släcka	消す(灯りを)	
släktning -en -ar	親戚	
slå	打つ、なぐる、たたく	
slåss	ケンカする	
slö	にぶい	
smal	細い、スリム	
smekmånad -en -er	新婚旅行	
smeknamn -et =	愛称	
smink -et -er	化粧品	
sminka	化粧する	
smittsam sjukdom	伝染病	
smutsig	きたない	
smycke -t -n	アクセサリー、宝石	
smällare -n =	爆竹	
smärtsam	いたい、くるしい	
smärtstillande medel	鎮痛剤	
smör -et X	バター	
smörgårs -en -ar	サンドウィッチ	
snabbköp -et =	スーパーマーケット	
snabbsnudlar	インスタントラーメン(通常複数)	
snart	すぐに、まもなく	
snickare -n =	大工	
snopp -en -ar	おちんちん	
snuskig	スケベな	
snygg	カッコいい、ハンサム	
snygg	かわいい、きれいな	
snäck/a -an -or	貝	
snäll	親切な、優しい	
snål	けち	
snö -n X	雪	
socialvård -ar	社会福祉	
sock/er -ret X	砂糖	
sockersjuk/a -an -or	糖尿病	
sojasås -en -er	しょうゆ	
sol -en -ar	太陽	
solbränd	日焼けした	
soldat -en -er	兵士	
solig	晴れ	
som ~	まるで~	
som alltid	相変わらず
som den här	このように
som det här	このように
som vanligt	相変わらず
sommar -en , somrar	夏
sommarlov -et =	夏休み
son -en , söner	息子
sopkorg -en -ar	ゴミ箱
sopp/a -an -or	スープ
sort -en -er	種類
souvenir -en -er	みやげ
Sov så gott !	よく寝てね!
sova	寝る
sovsal -en -ar	ドミトリー
sovvagn -en -ar	寝台車
spagetti -n X	スパゲッティー
spagettisås -en -er	スパゲッティーソース
Spanien	スペイン
spara	節約する
specielitet -en -er	特産物
speciell	特別な
speciell skola	専門学校
speg/el -eln -lar	鏡
spel -et -en	賭けごと
spel -et =	ゲーム
spela	演奏する
spela i bandet	録音する
spela om pengar	賭ける
spelare -n =	選手
spid/el -eln -lar	クモ
spik -en -ar	クギ
sport -en -er	スポーツ
springa	走る
spädbarn -et =	赤ちゃん(産まれたて)
spådompapperslapp -en -ar	おみくじ
spök -t -n	おばけ
spökhistori/a -an -er	怪談
stackars	かわいそう
stad -en , städer	市、都市
stadion -en -er	競技場
stadshus -et =	市役所
stadsminist/er -ern -rar	大統領
standard -en -er	標準
stanna	止まる、泊まる
stark	辛い、濃い、じょうぶな、つよい
station -en -er	駅
statsminist/er -ern -rar	首相

statstjänste/man -mannen -män	公務員
steg -et =	手続き
stek -en -ar	ステーキ
steka	炒める、焼く
sten -en -ar	石
stick/a -an -or	くし(串)
stiga av	降りる
stiga in	乗る
stiga upp	起きる
stilig	オシャレな
stillsam	しずかな
stjäla	盗む
stjärn/a -an -or	星
stjärnfall -et =	流れ星
stjärnskott -et =	流れ星
stor	えらい、大きい
storasyst/er -ern -rar	姉
storebro/r -dern , bröder	兄
storhet -en -er	偉大
storlek -en -ar	大きさ、サイズ
stort snabbköp	スーパーマーケット
strand -en , stränder	海岸
strax	すぐに、まもなく
strida	たたかう
stridsvagn -en -ar	戦車
strikt	きびしい
strump/a -an -or	くつした、ストッキング
strykjärn -et =	アイロン
sträng	きびしい
ström -men -mar	湾
strömbrytare -n =	スイッチ
student -en -er	学生、生徒
studera ensam	独学する
studera utomlands	留学する
studerande -n =	学生、生徒
städning -en -ar	クリーニング
städning -en =	そうじ
ställa i ordning	かたづける
stämma	訴える
stänga	閉める、閉じる、閉店する
stänga av	消す(TVを)
stå	立つ
stå i blom	咲く
störa	じゃまをする
suddgummi -t -n	消しゴム
suga	吸う
sugrör -et =	ストロー
suput -en -er	酒飲み
sur	すっぱい
surfing -en X	サーフィン
svag	弱い
svar -et =	返事
svara	答える
svart	黒い
svartsjuk/a -an -or	嫉妬
svett -en X	汗
svår	むずかしい
sylt -en -er	ジャム
synd -en -er	惜しいこと
syst/er -ern -rar	姉妹
säga	言う
säker	確かな、治安がいい
säkerhet -en -er	安全
säkerligen	必ず
sälja	売る
sällan	めったに〜ない
sällskapsres/a -an -or	ツアー
sämst	最悪な
sända	送る
säng -en -ar	ベッド
säregen	独特な
säsong -en -er	季節
sätt -et =	方法
sätta	置く
sätta i gång	はじめる
sätta in	入れる
så gott man kan	一生懸命に
sång -en -er	歌
sångare -n =	歌手(男性)
sångersk/a -an -or	歌手(女性)
sår -et =	傷、ケガ、潰瘍
såra	傷つける
sås -en -er	ソース
söder	南
söka	しらべる、探す
sömnig	ねむい
sömnlös	不眠症な
söndag -en -ar	日曜日
söt	あまい
söt	かわいい
söt sak	菓子

t

T-shirt -en -s	Tシャツ
T-tröj/a -an -or	Tシャツ
ta	取る
ta hand om	世話する
ta hand om sig	気をつける
ta med sig	持っていく
tack	ありがとう
tacka	感謝する
tacka nej till	ことわる
Taiwan	台湾
tajt	きつい(服が)
tala	話す
tallrik -en -ar	皿
talspråkiga ord	口語
tand -en , tänder	歯
tandborst/e -en -ar	ハブラシ
tandkräm -en -er	ハミガキ粉
tandläkare -n =	歯医者
tank/e -en -ar	考え
tappa	落とす
tappad sak	落し物
tarm -er -ar	腸
taskig	不親切な
taxi -n =	タクシー
taxichaufför -en -er	タクシー運転手
te -et -er	紅茶、茶
teat/er -ern -rar	劇場
tejp -en -er	セロテープ
teknik -en -er	技術
telefon -en -er	電話
telefonkatalog -en -er	電話帳
telefonkiosk -en -er	公衆電話
telefonnum/mer -ret =	電話番号
temomet/er -ern -rar	体温計
temp/el -let =	寺院
temperatur -en -er	温度、気温
tendens -en -er	傾向
tennis -en X	テニス
tent/a -an -or	試験
testa	ためす
testik/el -eln -lar	睾丸
teve -n -ar	テレビ
text -en -er	歌詞
textilier	織物(通常複数)
Thailand	タイ
tid -en -er	時間
tidig	早い
tidning -en -ar	新聞
tidsperiod -en -er	期限
tidsskillnad -en -er	時差
tidtabell -en -er	時刻表

tig/er -ern -rar	トラ	trevlig	明るい(性格)、おもしろい、たのしい	tåla	サイコロ、競争
tiggare -n =	乞食			tår -en -ar	電車、列車
till exempel	たとえば	triang/el -eln -lar	三角	tårt/a -an -or	車掌
till fots	徒歩	tro	信じる、思う	tänka på	我慢する
tilldela	当てる(あてがう)	tros/a -an -or	パンティー	tärning -en -ar	訪れる
tillfälle -t -n	機会	trycka	押す	tävling -en -ar	なみだ
tillfällighet -en -er	偶然	trygg	治安がいい		
tillgiven person	愛妻家	träd -et =	木	**u**	
tillräcklig	充分な	träffa	会う	U-land -et , U-länder	発展途上国
tills ~	~まで	träffas igen	再会する	ull -en X	ウール
tills detta	このくらい	träningsvärk -en -ar	筋肉痛	undantagslag -en -ar	戒厳令
tillsammans	いっしょ	tråd -en -ar	糸	under konstruktion	工事中
tillstånd -et =	許可	tråkig	たいくつな、つまらない	under lång tid	長い間(肯定文)
tillträde förbjudet	立入禁止	trång	せまい、細い	underbar	すばらしい
tillverka	製造する	tröj/a -an -or	セーター	underbyxor	パンティー
tillåtelse -n -r	権利	trött	つかれた	underkläder	下着
tio	10	tröttna	つかれる、飽きる	underskrift -en -er	サイン
tisdag -en -ar	火曜日	tuberkulos	結核	undersökning -en -ar	検査、診察
tit/el -eln -lar	題名	tugga	噛む(ガムを)	undervisa	教える
titeln fader	神父	tumla	ころぶ	undvika	避ける
titta	見る	tung	重い	ung	若い
tjock	厚い、ふとった	tung/a -an -or	舌	ungdom -en -ar	青年
tjur -en -ar	牛(雄)	tunn	うすい(厚さ)	ungefär	約(およそ)
tjuv -en -ar	泥棒	tunn/el -eln -lar	トンネル	unik	個性的な
tjäna	儲ける	tunnelban/a -an -or	地下鉄	universitet -et =	大学
toalett -en -er	トイレ	tur -en -er	運	universitetsstudent -en -er	大学生
toalettpapper -et =	トイレットペーパー	turisbyrå -n -er	旅行代理店	universum -et X	宇宙
tofu	豆腐	turist -en -er	観光客、旅行者	uppgift -en -er	費用
Tokyo	東京	turist/land -landet -länder	観光地	uppleva	経験する
tolka	通訳	tusen	千	uppmärksamhet -en -er	注意
tomat -en -er	トマト	TV	テレビ	upprepa	くり返す
tonfisk -en -ar	マグロ	TV-kanal -en -er	テレビチャンネル	Upprepa!	くり返して!
tonåring -en -ar	十代の若者	TV-program -met =	テレビ番組	uppriktig	素直な、開放的
Toppen !	サイコー!	tveka	ためらう	uppriktighet -en -er	誠意
torg -et =	市場、広場	tvivelaktig	あやしい	uppskjuta	延期する
torka	干す、乾かす	tvätta	洗う、洗濯する	upptagen	いそがしい
torka upp	乾く	tvätta ansiktet	洗顔する	urin -en X	おしっこ、尿
torr	乾燥した	tvättmed/el -let =	洗剤	Urkäkta.	すみません
torsdag -en -ar	木曜日	två	2	ursprungs/land -landet -länder	原産地
traditionall	伝統的	tvål	セッケン	USA	アメリカ
trafik -en X	交通	tycka	思う	utbildning -en -ar	教育
trafikkontroll -en -er	交通整備	tycka om	気に入る、好き	utbyta	交換する
trafikolyck/a -an -or	交通事故	tyg -et -en	布	utbyte -t -n	交流
trafikolycksplats -en -er	交通事故現場	tyngd -en -er	重さ	utbytesstudent -en -er	留学生
trafikstockning -en -ar	渋滞	tyst	しずかな	utgift -en -er	経費
transpotera	移す	tyvärr	残念ながら	utgivare -n =	出版社
trapp/a -an -or	~階	tåg -et =	ケーキ	utgång -en -ar	出口
tre	3	tågmästare -n =	考える	uthyrningshus -et =	貸家

utkomst -en X	生活
utland -et . utländer	海外、外国
utländsk valuta	外貨
utländsk vara	外国製
utlänning -en -ar	外国人
utom ~	～以外
utomhus -et =	外
utsikt -en -er	景色
utslag -et =	じんましん
utstå	訪れる
uttal -et =	発音
uttrycka	表現する

v

vacker	うつくしい、きれいな
Vad ?	なに?
Vad då ?	なに?
Vad kostar det ?	いくら?
vagin/a -an -or	女性器
vakna	覚める(眠りから)
vakna upp	起きる
val -et =	選挙
valp -en -ar	犬(子犬)
valut/a -an -or	通貨
vanlig	普通な
var	どこ
var	それぞれの
var annan dag	一日おき
Var snäll och ~	どうぞ~してください
Var så god	どういたしまして(日常的)
vara	居る
vara ansvarlig för	責任がある
vara arrogant	いばる
vara avskederad	首になる(解雇)
vara bakfull	二日酔いである
vara dålig på	不得意な
vara effektiv	効く
vara fullsatt	混雑する
vara färdig	済む
vara försenad	遅刻する
vara försenad	おくれる
vara försiktig	気をつける
vara hungrig	お腹がすく
vara inte lik	似ていない
vara irriterad	イライラする
vara kär i	恋する
vara lik	似ている
vara nyttig	役に立つ
vara på dåligt humör	機嫌が悪い
vara på gott humör	機嫌がいい
vara reserverad	遠慮する
vara törstig	のどが渇く
vara upphetsad	興奮する
vara uppsagd	首になる(解雇)
vara utsåld	売り切れる
vardagsrum -met =	居間
Varför ?	なぜ?
varje	それぞれの
varm	暖かい、暑い
varm dusch	ホットシャワー
varmt kaffe	ホットコーヒー
varmvattenkällar/e -an -or	温泉
varning -en -er	警告
varningsskylt -en -ar	警告標識
vart annat år	一年おき
varuhus -et =	デパート
vas -en -er	瓶(カメ)
vass tunga	口が悪い
vatt/en -net =	水
vattenfast	耐水性の
vattenkran -en -ar	水道
veck/a -an -or	週
vem	だれ
verkan = X	効果
verkligen	ほんとうに
veta	知る
veta	知っている
veta inte	知らない
vetenskap -en -er	科学、知識
vi	私たち
videoband -et =	ビデオテープ
videobandspelare -n =	ビデオデッキ
vigs/el -eln -lar	結婚式
vigselring -en -ar	結婚指輪
vika	たたむ、折る
vikt -en -er	体重、重さ
viktig	大切な
Vilka ?	どれ?
Vilken ?	どれ?
Vilket ?	どれ?
villkor -et =	条件
vin -et -er	ワイン
vind -en -ar	風
vindruv/a -an -or	ブドウ
vinna	勝つ
vinst -en -er	賞品
vint/er -ern -rar	冬
vinäger -n X	酢
visa ~	(～を)見せる
Visa det !	見せて!
vit	白い
vittne -t -n	証人
vitvin -et -er	白ワイン
vokabulär -en -er	単語
volontär -en -er	ボランティア
vricka	ネンザする
vulkan -en -er	火山
vuxen människa	おとな
vykort -et =	絵はがき
våg -et -or	波
våning -en -ar	～階
vår -en -ar	春
väcka	起こす
väd/er -ret -ren	天気
väderprognos -en -er	天気予報
väg -en -ar	道
vägg -en -ar	壁
vägguttag -et =	コンセント
väl	絶対に
välgörare -n =	恩人
välja	選ぶ
vän -nen -ner	友達
vänja sig	慣れる
vänskap -en -er	友情
vänster	左
vänta (på)	待つ
värdefull	価値がある、値打ちがある
värdeförsändelse -n -er	書留
värdesak -en -er	貴重品
värld -en -ar	世界
väsk/a -an -or	カバン、バック
Väst Europa	西欧
väster	西
västerländsk	西洋の
väx/el -eln -lar	おつり、小銭
växa	成長する
växla	両替する
växla upp	そだてる
växt -en -er	植物

wyz

whisky -n -er	ウィスキー
yngre	歳下の
yngre bro/r -dern , bröder	弟

yngre syst/er -ern -rar	妹
yngsta barn	末っ子
yt/a -an -or	表
zoo -t -n	動物園

å

åka skidor	スキーをする
åka	乗る
åld/er -ern -rar	年齢
ånger -n X	後悔
ångra	後悔する
år -et =	歳
århundrade -t -n	世紀
årsinkomst -en -er	年収
årstid -en -er	四季
årstud -en -er	季節
åsikt -en -er	意見
åta sig	引き受ける
återutgivning -en -ar	再発行
åtta	8

ä

äcklig	まずい(食べ物)
ägare -n =	持ち主
ägg -et =	タマゴ
äldre	歳上の
äldre bro/r -dern , bröder	兄
äldre syst/er -ern -rar	姉
älska	愛する
älskare -en =	愛人
älskring -en -ar	恋人
ändra	変更する、変える
äpple -t -n	リンゴ
ärftlighet -en -er	遺伝
ärlig person	正直者
ärlighet -en -er	正直
äta	食べる
ättling -en -ar	子孫

ö

ö -n -ar	島
öbo -n -r	島人
ög/a -at -on	目
ögonbryn -et =	まゆげ
ögonläkare -n =	眼科医
öka	ふえる、ふやす
ök/en -nen -nar	砂漠
öl -et X	ビール
ölburk -en -ar	缶ビール
ömtålig	腐りやすい
önska	望む
öppenhet -en -er	誠意
öppenhjärtig	開放的
öppna	開ける、開放する
ör/a -an -or	耳
öron,näsa,hals mottagning	耳鼻科咽喉科
öster	東
överdriven	おおげさな
överdådig	ぜいたくな
översvämning -en -ar	洪水
översätta	翻訳する

あとがき

　「ウィ〜〜ン」。毎週日曜の昼は掃除機の音が部屋に鳴り響く。当時中学3年生だった私は週5日塾へ通っていた。だから学校も塾もない日曜日は、自分の時間が持てる貴重な一日。特別お気に入りというわけではなかったけれど、FMのJ-WAVE TOKIO HOT 100を毎週聴いて過ごしていた。掃除機をかけるときに音量をあげたり、宿題をするときに音量をさげるわけでもなく、ほんとうになんとなく聴いていた。そんなふうにのんびりと過ごしていたある日、いつもトップ10にランクインしている1曲が気になるようになった。それがRoxetteのJoyrideという曲。私がスウェーデンに興味を持つきっかけを作った、スウェーデン人ポップグループである。

　数カ月後、新聞の広告欄だっただろうか、Roxetteが日本でライブをやるということを知り、急いでチケットを予約。最後列の席だったけれど、生のSwedish Popsに浸ることができて満足だった。数カ月後に高校へ進学。進学校だったので勉強で忙しい日々が再び始まった。日曜にいつものようにJ-WAVEを聴いていると、Roxetteの女性ボーカリストMarie Fredrikssonがスウェーデン語でCDを出すということを知り、発売日にレコード店へ走った。生まれて初めて聴くスウェーデン語。英語とはまったく違う。毎日何度も繰り返しそのCDを聴いているうちに歌詞を自分の言葉で訳したくなり、訳しているうちにスウェーデンへ留学しようと思うようになった。留学している間、「なんでイギリスやアメリカじゃなく、スウェーデンに留学しようと思ったの？」とよく聞かれ、歌と答えるといつも笑われた。そのことを交換留学生のシンガポール人の子に話したら「孫悟空が好きだったから中国に留学した日本人の子を知ってるよ」。その一言で、留学する理由は人それぞれ、なんであろうといいのだと思えるようになった。でも留学理由を聞かれると、まだちょっと恥ずかしい…。

　大学2年生の9月、フィンランドとスウェーデンへ行った。フィンランドではファームステイをし、スウェーデンではストックホルムと、スウェーデン色の濃いダーラナへ列車とバスに乗って行った。フィンランドでもスウェーデンでも親切な人たちに会い、とてもいい思い出ができた。皆が汗をかきながら地獄の就職活動している大学4年の夏休み、2カ月かけて計画したヨーロッパ一人旅へ。ノルウェーから入り、それからスウェーデン、デンマークへと南下して最終地点のスイスまで列車を使って移動。その旅のなかで、たくさんのキレイな景色と気さくな人たちに会うことができた。その中でもスウェーデンでの思い出は格別だった。

　やがて大学を卒業し、スウェーデンでの留学生活が始まった。2カ月前にUppsalaでサマーコースに参加したため、はじめのクラスは中級クラスに入れられてしまう。周りのほとんどがドイツ人。ドイツ人にとってスウェーデン語は簡単だ。15分の休憩時間は外に出て、ドイツ人同士で固

まってドイツ語で会話。大学で第二外国語としてドイツ語を専攻し、ラジオ講座を聴いていたけれど、とてもドイツ人の会話に入るレベルではなかった。

　辛い授業、慣れない寮生活、そして質素なスウェーデン料理、留学当初の２週間はかなり痩せてしまった。そんなある日、学校近くのKonditori（ケーキ屋さん）へ足を運んでみた。ガラスケースの中に並べられているケーキを見てみると、Uppsalaにいたときにイギリス人のクラスメートが持ってきてくれた、おいしかった緑のマジパンのケーキがあった。そのケーキの名前を忘れてしまったのでお店のおばさんに尋ね、Prinsesstårta（プリンセストータ）だということを知る。スウェーデン語が通じた喜びを感じながら、カットされたPrinsessbakelse（プリンセスバーケルセ）を食べた。それから暇さえあれば授業の後にそこでそのケーキを食べた。やがて寮生活に慣れ、友達も増え、学校生活が楽しくなってきてからは、そのケーキ屋さんへ行く回数はめっきり減った。けれども今でもあそこのお店のプリンセスバーケルセは私にとっては特別だ。もっとおいしいプリンセスバーケルセを出してくれるお店は知っているが、平等には評価できない。おおげさかもしれないが、あのときの私はあのケーキを一口食べるごとに元気をもらったような気がするのだ。けれど、あの辛い時期に食べていなかったら、いくら甘いものが好きだとはいえケーキのホームページを作ったりはしなかっただろう。でも、そのおかげでこの本にたくさんのケーキの写真を載せることができたし、ホームページを通していろいろな人からメールをもらった。両親にはまだホームページのことを内緒にしているので、後で怒られると思うが、たくさんの楽しい思い出、辛い思い出（今となったらいい思い出）、そしていい友だちにめぐり合えた有意義な２年半の留学生活だったと思う。もしもまた留学できるのなら、もっと有意義な留学生活ができる気がする。

　最後に、当時スウェーデンにいたのにもかかわらず、本書執筆の機会を与えてくださった情報センター出版局編集部の安藤さん、希望通りのかわいいイラストを描いてくださった小町さん、会話のネイティブチェックやちょっとした質問にすぐに回答してくださったMalmöのPerry・えりこさん夫妻、単語帳のネイティブチェックに協力してくださったFlu、Boby・なほさん夫妻、Magnus、Jonas・あゆみさん夫妻、Lars・ちえさん夫妻、Eric。皆さんの協力のおかげで、何とか一冊の本にできました。Tusen tack!

2002年4月　静かな環境に囲まれた自宅の居間にて

岡戸　紀美代

著者◎岡戸紀美代（おかど・きみよ）
15歳でスウェーデンに憧れを抱き始め、1999年6月、Uppsalaに夏季留学。日本に戻り、長期留学の準備中、腰に激痛。毎朝ヒーヒー言いながらUppsalaの険しい坂道で自転車をこいでいたせいだと思いながら接骨院へ行くと、胸にあるべき骨が人より1本足りないかわりに背中に骨が1本多いことを知らされる。椅子にさえも座れない苦しい日々が続いたが、8月上旬、LundのFolkuniversitetetで勉強するため、大量の鎮痛剤と不安とともになんとか渡瑞。その後腰痛は緩和し、Axevalla folkhögskola、Malmö högskola、Lunds universitetで勉学に励む。就職活動をしながらビザを伸ばしてはみたものの、現実は予想以上に厳しく、2002年3月に帰国。1976年生まれ。神田外語大学外国語学部卒業。好きな言葉『Framtiden tillhör dem som inte ser tillbaka（未来は過去を振り返らない人のところにある）』。反省はすれど、後悔はしない人生を送りたい。

著者メールアドレス／
motodel76@yahoo.co.jp
著者ホームページ／
http://www.geocities.co.jp/Foodpia-Olive/5994/index.htm

イラスト	小町華子
ブックデザイン	佐伯通昭 http://www.ygwap.com
地図作成	ワーズアウト
企画協力	(株)エビデンストラベル http://www.ejbox.com/tabi/et
協力	古谷文雄　(有)エデン スカンジナビア政府観光局

Special thanks to
　　Perry & Eriko Sandgren
　　Ulf "Flu" Svensson
　　Boby & Naho Ahlberg
　　Magnus Arvidsson
　　Jonas & Ayumi Olsson
　　Lars & Chie Grahn
　　Eric Zeitler
　　Douglas R. Bruce

ここ以外のどこかへ！
旅の指さし会話帳㉚スウェーデン
2002年5月3日　第1刷
2004年2月13日　第5刷

著者————————
岡戸紀美代

発行者————————
田村隆英

発行所————————
エビデンスコーポレーション
株式会社情報センター出版局
東京都新宿区四谷2-1 四谷ビル　〒160-0004
電話03-3358-0231
振替00140-4-46236　http://www.ejbox.com
　　　　　　　　　E-mail yubisashi@4jc.co.jp

印刷————————
萩原印刷株式会社

©2002 Kimiyo Okado
ISBN4-7958-2063-5
落丁本・乱丁本はお取替えいたします。

「指さし会話帳」は商標登録出願中です。

> **Din reskompis till Sverige**
>
> innehåll

Flygplatsen → Boende (8)
Uttal (10)
Hälsning (12)
Presentation om dig (14)
Att promenera i stan (16)
Transportering (18)
Stockholm (20)
Nummer och pengar (22)
Shopping (24)
Kläder och färg (26)
Torg (28)
Tid och klocka (30)
Datum / när och klocka (32)
Sveriges kalender och väder (34)
Mat (36)
Maträtt ① (38)
Maträtt ② och miljömärke (40)
Dryck och efterrätt (42)
Söta saker (44)

(46) Bio / musik / bok
(48) Sport
(50) Japansk kultur
(52) Karta och ort
(54) Däggdjur och insekt
(56) Växt
(58) Hus
(60) Familj / kompis
(62) Kärlek och bröllop
(64) Karaktär
(66) Förkylning / människokroppen
(68) Sjukhus / inre organ
(70) Trubbel
(72) Egendom
(74) Verb / frågeord
(76) Adjektiv
(78) Telefonfras
(80) Att hålla kontakt